U0049841

鄂蘭

Hannah Arendt

王音力◎著

出版緣起

　　二十世紀尤其是戰後，是西方思想界豐富多變的時期，標誌人類文明的進化發展，其對於我們應該具有相當程度的啓蒙作用；抓住當代西方思想的演變脈絡以及核心內容，應該是昂揚我們當代意識的重要工作。孟樊教授和浙江大學楊大春教授基於這樣的一種體認，決定企劃一套「當代大師系列」。

　　從一九八〇年代以來，台灣知識界相當努力地引介「近代」和「現代」的思想家，對於知識分子和一般民眾起了相當程度的啓蒙作用。

　　這套「當代大師系列」的企劃以及落實出版，承繼了先前知識界的努力基礎，希望能藉這一系列的入門性介紹書，再掀起知識啓蒙的

熱潮。

　　孟樊與楊大春兩位教授在一股知識熱忱
的驅動下，花了不少時間，謹慎地挑選當代思
想家，排列了出版的先後順序，並且很快獲得
生智文化事業公司葉忠賢先生的支持，因而能
夠順利出版此系列叢書。

　　本系列叢書的作者網羅有兩岸學者專家
以及海內外華人，爲華人學界的合作樹立了典
範。

　　此一系列書的企劃編輯原則如下：

1. 每書字數大約在七、八萬字左右，對每
　　位思想家的思想進行有系統、分章節的
　　評介。字數的限定主要是因爲這套書是
　　介紹性質的書，而且爲了讓讀者能方便
　　攜帶閱讀，提升我們社會的閱讀氣氛水
　　準。

2. 這套書名爲「當代大師系列」，其中所
　　謂「大師」是指開創一代學派或具有承
　　先啟後歷史意涵的思想家，以及思想理

論與創作具有相當獨特性且自成一格
者。對這些思想家的理論思想介紹，除
了要符合其內在邏輯機制之外，更要透
過我們的文字語言，化解語言和思考模
式的隔閡，為我們的意識結構注入新的
因素。

3. 這套書之所以限定在「當代」重要的思
想家，主要是從一九八〇年代以來，台
灣知識界已對近現代的思想家，如韋
伯、尼采和馬克思等都先後有專書討論
。而在限定「當代」範疇的同時，我們
基本上是先挑台灣未做過的或做得不
是很完整的思想家，作為我們優先撰稿
出版的對象。

另外，本系列叢書的企劃編輯群，除了包
括上述的孟樊教授、楊大春教授外，尚包括筆
者本人、陳學明教授和龍協濤教授以及曹順慶
教授等六位先生。其中孟樊教授為台灣大學法
學博士，向來對文化學術有相當熱忱的關懷，

並且具有非常豐富的文化出版經驗以及學術
功力，著有《台灣文學輕批評》（揚智文化公
司出版）、《當代台灣新詩理論》（揚智文化公
司出版）、《大法官會議研究》等著作，現任教
於佛光大學文學所；楊大春教授是浙江杭州大
學哲學博士，目前任教於浙江大學哲學系，專
長西方當代哲學，著有《解構理論》（揚智文
化公司出版）、《德希達》（生智文化公司出版
）、《後結構主義》（揚智文化公司出版）等書；
筆者本人目前任教於政治大學東亞所，著有
《馬克思社會衝突論》、《晚期馬克思主義》
（揚智文化公司出版）、《中國大陸學》（揚智
文化公司出版）、《中共研究方法論》（揚智文
化公司出版）等書；陳學明是復旦大學哲學系
教授、中國國外馬克思主義研究會副會長，著
有《現代資本主義的命運》、《哈伯瑪斯「晚期
資本主義論」述評》、《性革命》（揚智文化公
司出版）、《新左派》（揚智文化公司出版）等
書；龍協濤教授現任北京大學學報編審及主
任，並任北大中文系教授，專長比較文學及接

受美學理論，著有《讀者反應理論》（揚智文
化公司出版）等書；曹順慶教授現爲四川大學
文學與新聞學院院長，專長爲比較文學及中西
文論，曾爲美國哈佛大學訪問學人、南華大學
及佛光大學文學所客座教授，著有《中西比較
詩學》等書。

　　這套書的問世最重要的還是因爲獲得生
智文化事業公司總經理葉忠賢先生的支持，我
們非常感謝他對思想啓蒙工作所作出的貢
獻。還望社會各界惠予批評指正。

李英明
序於台北

自 序

　　似乎有一種約定俗成的觀點，亦即從狹義
的，作為一門學科的哲學，以及從性別文化的
角度而言，哲學是由男人的理智為了對抗女性
的直覺而創造出來的，縱觀古今中外，在人類
文化的各個領域都不乏傑出的女性，可是，翻
開中外哲學史，卻找不到幾個有獨創性的偉大
女哲學家。的確，在哲學的巨大採石場上，工
作、獻身和成就的都是一些雄偉的名字，如柏
拉圖、亞里斯多德、黑格爾、康德、尼采、海
德格等等，甚至就連海德格曾經一度都對自己
能否成為一個具有原創性的、真正的哲學家有
過懷疑：「越緊張進入自己的工作，我越明顯
地感到，每次都受到古希臘人偉大開端的壓力
，而且我經常猶豫不定，是不是把自己一切獨

立的嘗試全部放棄。」（《海德格與布洛赫曼
書信集》），在此情形下，我們談論鄂蘭的生平
、思想和著述就殊爲難得了。

　　我是從大學時代對鄂蘭產生興趣的，讀研
究生時就對之更有熱情了。在過去，我對哲學
的認識僅僅停留在這樣一種水平之中，所謂哲
學，不過是一些心智特別卓越或怪異的人的冥
思玄想，哲學既然是聖人之思，那麼哲學亦就
離塵世或現實相去甚遠。透過鄂蘭，我才確切
地意識到，同樣是對宇宙人生探究的思索，有
的哲學是在寧靜的、寂寞的書齋中完成的，而
有的則是在離國懷鄉、顛沛流離中寫就的，就
像鄂蘭自己所說：「悲傷，彷彿點燃心頭的燭
光，把我的黑夜照亮。我有了光明，便不再需
要悲傷，我穿過了漫漫長夜，遠征在回家的路
上。」歷史注定了鄂蘭不是一個唯智的沉思
者，相反，她的一切都來自於自身致命的體
驗，亦就是鄂蘭從來沒有逃脫整個時代強加於
像她這樣一個有血有肉、有熱情、有渴望的女
性的種種矛盾和困擾，因之她的思想無不打上

強烈、鮮明的時代的烙印,並且充滿了體驗的
震盪及激情的思辨,她是從痛苦中收獲一切的
思考者,而她的思考中所呈現的,也正是痛苦
的產物,即使在最黑暗的年代裡,她不僅沒有
減弱自己的思想光度,反而使自身的光度更為
強烈和有力。

　　作為一個女性,無論世事如何凋萎和變化
,鄂蘭終其一生,永保著性格中的許多善良、
美好與純真,但是,作為一個哲學家,鄂蘭沒
有一天放棄過對個人理想、生命價值以及社會
公義的堅持。她是如此獨立,如此一以貫之致
力於自己的學者使命,用自己的全部熱忱和體
驗換取思想的勇氣。她不是退隱書齋的思想家
,而是以書齋為戰場的思想家。鄂蘭才情洋溢
,她以自身獨特而炙烈的思想方式和表達方式
,不僅向我們展現了她深邃的思想、豐富的感
情,同時也展示了她冷峻的天才和高貴獨立的
人格。毫無疑問,鄂蘭也是二十世紀最偉大的
哲學心靈之一,她的價值將越來越被人們所重
視。與很有份量的鄂蘭相比,我這個薄薄的小

目 錄

漢娜・鄂蘭（Hannah Arendt）被公認為二十世紀最偉大的女性思想家之一。作為一名政治思想家，她為二十世紀的人類思想作出了許多原創性的貢獻，就連哈伯瑪斯（Jurgen Habermas）也承認他關於公共領域的思想最初來源於鄂蘭，鄂蘭也是第一個從政治哲學的角度探索極權主義起源，並對之做出完備的概念性思考的思想家。當然，我們也可以把鄂蘭的思想歸入一個確定的政治傳統——古典共和主義（classical communism）傳統，這個傳統包括了孟德斯鳩（Montesquieu）、聯邦黨人和德・托克維爾（de Tocqueville）。她也在很大程度上受到她的兩位導師——海德格（Martin Heidegger）和雅斯培（Karl Jespers）所創立的「生存哲學」（existential philosophy）的影響。但儘管如此，她對當代政治思想的貢獻仍然是獨特和不可比擬的。

鄂蘭於 1906 年 10 月 4 日出生在德國的漢諾威（Hanover），她的父母都是哥白斯堡（Konigsberg）受過高等教育的猶太人，她也

從小在哥尼斯堡長大。哥尼斯堡的歷史與兩位
德國著名人物緊密聯繫在一起，即哲學家伊曼
紐爾‧康德（Immanuel Kant）和西方猶太啓
蒙運動的先驅及猶太哲學家摩西‧門德爾松
（Moses Mendelssohn），這兩位人物也象徵了
塑造鄂蘭的思想和文化傳統。

　　十七歲起她就以德國式的漫遊先後師從
於三位當代偉大的哲學家——海德格、胡塞爾
（Hussel）和雅斯培，在跟隨雅斯培完成了博
士論文之後，納粹主義（Nazism）的崛起和
反猶主義（Anti-Semitism）的甚囂塵上迫使她
離開象牙塔的沉思，投身於積極的政治生活，
並且開始思考德國文化和猶太文化之間始終
存在的緊張關係，以及她自己和這兩種文化的
關係，面對身分認同和文化認同的危機，她苦
苦追問「我是誰？」、「發生了什麼事情？」。
身處一個最黑暗、最危險的年代，她認爲不試
著去理解所發生的事情她就無法活著，這一看
似平淡的要求引導了她對政治哲學深沉激情
的選擇。她的選擇表明了她和所謂的「職業思

想家」（professional philosopher）的分歧，以
及她對他們這些人的深刻失望。這些人在希特
勒上台後拒絕面對所發生的事情，其中一些人
甚至淪爲納粹的辯護者和同謀者。看到昔日的
朋友、教授都不能理解時代的處境，她明白了
單純的學術生活並不能防止應受譴責的政治
愚昧。

　　1933 年，爲躲避納粹的迫害，她逃到了
巴黎（Paris），並且活躍於反納粹抵抗運動和
猶太人政治流亡者團體。這期間她著力思考納
粹主義和現代反猶主義的起源，這種思考爲她
戰後寫作《極權主義的起源》打下了基礎，也
使她對當代政治世界的考察獲得了獨特的看
法。1940 年巴黎淪陷，鄂蘭在圭斯拘留營被
關押了一段時期，僥倖逃脫後她和她的第二任
丈夫海因利希・布魯希爾（Heinrich Blucher）
一起來到紐約（New York）苦苦奮鬥，懷著
對自由的憧憬、對生活的愛，鄂蘭的一生包含
了整個世紀的激情和災難，雅斯培說過一段富
有感情的話：「她從年輕的一代人中間向我們

長者走來，帶來了她所閱歷的一切。1933 年
起她背景離鄉，浪跡人間，以錚錚智勇搏擊著
坎坷人生。她亡命他鄉，淪爲無權無助的遊
子，她遭遇了失去祖國時的一切非人境遇，此
時，她深悟了生活的險惡。」

　　1940 年以後鄂蘭一直生活在美國，學會
了用英語寫作，擔任過「猶太文化復興委員會」
的主任，他們的工作是拯救和保護納粹占領國
家的猶太文化珍品，最值得一提的是她蒐集和
整理了卡夫卡的日記和手稿。1951 年《極權
主義的起源》（The Origins of Totalitarianism）
奠定了她作爲國際知名學者和思想家的聲
譽，1958 年她出版的《人之條件》（The Human
Condition）是一本對人類政治的基礎進行反
思的哲學著作，同時獲得巨大轟動。雖然美國
幾所著名大學都曾請她做過訪問學者，但她從
未追求過正統的學院生涯，始終保持著高度的
人格獨立和思想清醒。魏瑪許多知名學者投誠
納粹帶給她的創傷（特別是她的導師海德
格），使她在可恥的麥卡錫時代裡也能對美國

教授的政治無知保持高度的警惕。在混亂空虛的六〇年代，鄂蘭堅持不懈地反省當代政治文化，寫下了《在過去與未來之間》（*Between Past and Future*）、《黑暗時代的人》（*Men in Dark Times*）、《論革命》（*On Revolution*）、《論政治》（*On Politics*）、《論暴力》（*On Violence*）、《共和國的危機》（*Crises of the Republic*）等著作。1961 年，她以《紐約客》（*New Yorker*）記者的身分赴耶路撒冷參加了對納粹戰犯艾希曼的審判，歸來後發表的《艾希曼在耶路撒冷》（*Eichmann in Jerusalem*）一書，引起了空前的爭議和批評，甚至使她失去了許多朋友。事實證明，她始終有一種堅定地追求本質、一種獨立判斷的勇氣，以及一種深刻的道德敏感性。1975 年，鄂蘭在寫作《精神的生活》（*The Life of the Mind*）一書時忽然去世，此書是有關思考、意志和判斷的一本大著作，是她一生哲學觀的總結，1978 年由她的朋友，也是作家瑪麗‧麥卡錫（Mary McCarthy）編輯出版。

　　本書共分四章，第一章寫鄂蘭與海德格的
相遇，包括他們在半世紀裡情感和思想上的聯
繫；以及對自己做爲一個猶太人的身分認同，
即關於「自覺賤民」（conscious pariah）的思
考。這樣的安排並非有意誇大她和海德格的關
係和她的猶太人身分，而是這兩方面直接影響
了鄂蘭一生思想的起點和方向；第二章和第三
章論述她政治哲學的基本思想，爲讀者全面把
握鄂蘭的思想特徵提供必要的線索；第四章
〈激情的思想〉主要講述鄂蘭關於艾希曼之審
判的報告和引起的爭論，由此引發了她晚年對
於「思想」的反思。

一、偉大的相遇

1923 年，十七歲的鄂蘭已成為一位亭亭玉立的少女：一頭又黑又密的長髮，橢圓形的臉龐，大而明亮的眼睛。哲學家漢斯・約納斯（Hans Jonas）回憶起他在十八歲第一次見到她時，說她：「有一雙憂鬱的眼睛，但在她快樂激動的時候又像星星一樣閃閃發光。」

她以優異的成績通過了中學畢業考試，邁入了大學校門。她渴望著一個比哥尼斯堡更為廣闊、更為激動人心的世界，但那還不是政治的世界，而是更為真實思想的世界，自然、音樂、詩歌這類簡單而美好事物的世界。

1924 年鄂蘭來到馬堡大學（Marburg University），成為當代著名哲學家海德格的學生。四十多年後她在〈紀念海德格 80 壽辰〉一文中生動的回憶當年思想界關於海德格的傳聞，傳聞十分簡單：「思想獲得了新生，被認為僵死過去的文化又復活了。對歷史傳統持

懷疑態度的人根本意想不到，從中又產生出完
全不同的東西。終於有這樣一位教師，人們可
以從他那兒學會思想。」這個秘密國王統治著
思想的王國。儘管這個王國的的確確存在於世
界上，但它是那樣隱蔽，以至沒有人確切知道
，它究竟是否存在；而且它的居民也遠比人們
想像的多。否則，又何以解釋海德格的思想，
他的思想傳授是無與倫比的，常常是潛移默化
的影響，這種影響遠遠超出了他的學生的圈子
，也超出了人們通常所理解哲學的範圍。

　　爲了學習思想，人們追隨海德格，現在他
們知道了，作爲純粹活動的思想，既非由於求
知欲望，也非由於認識衝動所推動的思想，可
以成爲一種激情，這種激情與其說是壓制著其
他能力和天賦，不如說是規定和支配著他們。
但我們是如此習慣於理性和激情、精神和生命
這種古老的對立，以致於一想到那種激情的思
想觀念（在這裡，思想與生命融爲一體），便
會感到驚異。海德格本人曾表述過思想與生命
的合一。根據一個可靠的軼聞，在一次關於亞

里斯多德（Aristotle）的講座中，他沒有做平常的生平介紹，而是用這樣一個簡潔的句子開始：「亞里斯多德出生，工作，去世。」正如後來我們認識到的，這種激情的思想是哲學可能的條件。但是，在我們這個世紀，如果沒有海德格思想的實踐，我們是否可以認識到這一點，是很值得懷疑的。這種激情的思想，產生於「人生在世」這樣一個簡單的事實及「反思和支配一切存在者的存在意義」。它不再把認識或知識當作自己的目的，而是把生命本身當作自己的目的。生命的終極是死亡，但人並不是為了死亡而活著，因為人是一種生命的存在；同樣，他也不是為著任何結果而思想，因為他是一種「思著的」，亦即冥想著的存在。

　　早在 1927 年海德格的名著《存在與時間》發表以前，他在德國的大學裡就已經享有盛譽，因為他課講得非常好，學生們紛紛跑來聆聽，他到馬堡兩個學期之後，他上課的教室就擠進了一百五十人。學生們說這個短小精悍、其貌不揚的人一講起課就有一股神奇的力

量，彷彿他即將告訴人們最重大的事情，他就
要接近最重要問題的邊緣。哲學不再是枯燥的
知識或時髦的學派，而是以個人不可替代的生
存爲中心，將人置身於生存的激流中。一位學
生說：「這位講授著本體論的演講者給人的印
象更像是一位站在時代的巨輪，指揮樓上的艦
隊司令官，指揮著隨時面臨移動冰山威脅的巨
型船隊。」

　　鄂蘭很快被這位「秘密思想王國」深深地
吸引住了，海德格也被她的年輕、美麗和智慧
所打動，他愛上了她，她也愛上了他。海德格
多年後承認，寫作《存在與時間》的時期是他
思想最爲活躍和集中的時期，「是她給了我那
個時期的創作激情和靈魂，使我的生活那樣豐
富和充實。」

　　無論是喜悅還是痛苦，初戀最終給鄂蘭的
生活帶來了全新的影響，雖然這種影響並不能
很快、很輕易地表現出來。海德格比鄂蘭大十
七歲，當時已是兩個孩子的父親，他絲毫沒想
過爲鄂蘭放棄自己的地位和家庭，他們在鄂蘭

住的小閣樓上見面，嚴格地保守秘密：開幾下
燈爲有人，關幾下燈爲無人，敞開的窗戶表示
有機會，打開的門象徵有危險。不僅是海德格
夫人，就是整個大學和整個小城也無人知曉此
事。鄂蘭順從海德格的所有安排，儘量減少這
種雙重生活給他帶來的不便。但她也十分痛苦
，因爲她感到自己並不是真實地在這種關係中
存在。

那年夏天，鄂蘭回到哥尼斯堡的親戚家，
她以第三人稱寫了《陰影》（Shadow）一書，
寄給海德格，向海德格深情地訴說這場愛情對
她的意義。她說自七歲她的家庭遭巨大變故以
後（那一年她的父親和祖父相繼去世），快樂
的童年就結束了。在很長一段時間裡她都很憂
鬱、很封閉，不帶感情地對待每件事情，用這
種精神狀態保護自己。是海德格把她從自我的
監獄裡解放了出來，世界重新又對她變得多彩
多姿、美麗誘人。但是現在所有的恐懼又回來
了，而且失去了往日習以爲常的陌生感的保護
，這種痛苦是一種更爲可怕的牢獄，她到底怎

樣逃脫？她試圖找到一種語言，以表達心靈的
陰影和生活的撕裂。她喜歡引用奧古斯汀的一
句話：「愛意味著：我想讓你存在。」（這也是
海德格式的句子）愛就是讓對方作爲一個活生
生的人存在，與此同時愛也獲得了真實的存在
。正像在她後來提出的「政治」概念中，說明
人需要與他人共存的世界一樣，一種不能融入
世界的愛情很快就會被單純的激情所毀滅。在
她的名著《人之條件》中，僅有一小段關於愛
情的，也是自身遭遇的啟示：「雖然愛情是人
生活中最珍貴的遭遇，是內心情感最深刻的表
露，並且具有最大程度的自我顯現的力量，但
它是完全無世界的，因爲他不在乎相愛者是什
麼人，不在乎他的能力和缺點、他的成就和失
敗，甚至越軌和犯罪。……愛情本質上是無世
界性的，因此它不僅是非政治的，而且是反政
治的，也許是人類最強大的反政治力量。如果
愛情得不到公開的顯現，如果愛情得不到他人
的見證，什麼能證明我們相愛著？也許一切不
過是自己的幻想吧？」用海德格式的話說：「在

愛中存在的前提是在世界中存在。」

　　這種關係持續的時間越長，要保守秘密就越難，分手是遲早的事。最後鄂蘭提出轉學，她內心希望海德格會竭力挽留她，令她大為失望的是，海德格立即答應了，並且推薦她去海德堡大學（Heidelberg University），在他的朋友雅斯培門下讀博士。到了海德堡後，鄂蘭拒絕告訴他在海德堡的地址，雖然暗地裡期待他來找她。很快，海德格透過同樣從馬堡轉到海德堡的漢斯‧約納斯（Hans Jonas）得到了她的地址，於是頻繁的秘密通信又恢復了，約會比以前安排的更加緊密，如海德格讓她在他開會路過的某個小站等他，她都會義無反顧地前往。總之主動權掌握在海德格的手中，他太瞭解這個姑娘對他一味奉獻的感情了。鄂蘭一定也在心裡反抗過，但對她來說，他的召喚總是像上帝的聲音那樣無法抗拒。

　　這種斷斷續續的關係維持了三年，《存在與時間》的發表使海德格一夜之間成為德國最偉大的哲學家，雖然並沒有多少人真正讀過這

本艱深晦澀的著作，但人們已經預見到他將和
柏拉圖、康德、笛卡兒一起成爲西方哲學史上
劃時代的人物。1928 年他重返弗萊堡，接替
了他的老師胡塞爾的講席。此時，精明的海德
格認爲是結束他和鄂蘭的關係的時候了，他給
寄給鄂蘭一封長信，這讓鄂蘭再也難以維持自
尊，她的回信充滿痛苦：「愛，對於我來說包
含著生活的全部意義，我失去了你的愛，就失
去了真正的生活。……假如上帝恩准，讓我們
來世再相愛吧！」

　　1929 年，在雅斯培的指導下，鄂蘭完成
並出版了博士論文＜奧古斯汀的愛情觀＞
（The Concept Love in Augustine），對於她，
這部作品最大的價值在於使她更爲熟悉早期
基督教關於德性和政治生活的思想，爲她以後
寫作《人之條件》打下了基礎。這一年她與一
位年輕的猶太哲學家君特・施泰因（Günther
Stern）結婚了，他們四年前曾在馬堡一起上
過海德格的課，1929 年 1 月在柏林的一個化
妝舞會上重逢，那次鄂蘭以她一貫引人注目的

方式打扮成阿拉伯女僕。在經歷了初戀的痛苦
後，施泰因的溫情和體貼令她十分感動。但這
次婚姻只是一次無愛的痛苦，注定維持不了多
久。十年之後，鄂蘭才終於在愛中找回了自
己，他的第二任丈夫亨利希·布呂歇爾
（Heinrich Blücher）將是她的一切：丈夫、情
人、朋友、父親、同事。她在給他的信中說：
「我還是不能相信『偉大的愛情』和個人的認
同我可以同時兼得……自從我得到了自己個
人的認同，我也得到了前者。我現在知道了什
麼是真正的幸福。」

二、黑暗時代──從哲學到政治

　　鄂蘭在二○年代還渴望過一種純粹象牙
塔般的生活，像她所傾慕的前輩一樣在寧靜的
校園裡度過思想的一生。但在納粹上台之後，
對於一個猶太人來說任何願望都不可能了，死
亡成了排除一切可能性的可能性；對一個真正
的學者來說，在奧斯維辛之後，西方傳統上哲

學生活和政治之間的區分也不再是理所當然
了。

　　二〇年代最吸引他們那一批人的當然是
海德格所創立的生活哲學（ existential
philosophy）。海德格用他的老師胡塞爾開創的
現象學方法分析存在，他認爲傳統哲學的根本
問題是把存在等同於存在者，在對存在者的客
觀化思考中，更爲根本的存在意義被遺忘了，
世界陷入一片昏暗。他自稱是柏拉圖以來所遺
忘和遮蔽的發現者，在他看來存在的揭示必須
從作爲「此在」（dasein）的人入手，因爲人
是這樣一種特殊的存在者，他理解存在，他存
在地和存在發生關係。因而他的存在不僅維護
著「在」，而且成爲「此」，即「存在得以顯現
的處所」。正是由於「此在」對於世界的開放
狀態，人才能與存在者相遇，才能理解和謀劃
一個世界，同時謀劃他的可能性。可能性對於
人來說不是低於現實的東西，而是最現實的東
西，人就是他的可能性，也就是說，生存不是
手頭現存的存在，而是一種運動，一股必須不

斷投身於其中的激流，個人必須不斷面對他的
本真本己性作出決斷。1946 年鄂蘭在《黨人
評論》（*Partisan Review*）上撰寫了回顧性文
章：〈什麼是生存哲學？〉，用她文中的話來
說，生存哲學把人置身於一個無所依傍的世
界，在其中沒有任何普遍的東西存在，存在的
只是個人，它反對以前所有把宇宙看成可知整
體的觀點。被拋棄、孤零零的人唯一能確定的
一件事情，就是他的生存。它把所有古老的哲
學問題，如自由的本質，都看成是沒有客觀答
案的問題，每個人只能以自己的方式來理解。
這是第一個絕對的、無可爭議的此世哲學，堅
持人的存在是「在世界中存在」，一種可怕的
狀態，一種實際上不在家的狀態，但是因此也
使得「保持在世界中的本真性」變成了必須承
擔的任務，更具挑戰性的任務。

　　海德格關於人生此在的哲學就像他所居
住的那托瑙山凜冽的空氣，吹醒了長年囚禁在
陰暗牢房的人，迫使他們走到了空闊的天空之
下，自己去把握生活的意義。過去他們一直被

純機械的東西、被他們的生活環境和現代文明
所包圍著、窒息著。「向天空的廣闊自由開放，
同時又生根於大地的幽冥之中」，這種思想的
經驗正是鄂蘭一生渴望的東西。

　　婚後鄂蘭和施泰因住在法蘭克福，生活雖
然清苦卻很充實。施泰因準備交一篇關於音樂
哲學的論文以申請大學講師資格，但是後來他
的論文遭到了阿多諾的否定。阿多諾是法蘭克
福學派的代表人物，他學識淵博、涉獵極廣，
音樂研究也是他的專長之一，他對這篇以非馬
克思主義觀點研究音樂的文章很不滿意。施泰
因在失望之餘，也不得不面對現實：即使他的
論文通過，日益增長的納粹勢力也很難使他這
樣一個猶太人獲得大學教師的職位。最終他做
了一名記者，為報紙副刊撰寫各種文章。但鄂
蘭卻一直無法原諒阿多諾（Adorno），她對丈
夫說：「他永遠不是我們家的客人。」在這過
程中鄂蘭第一次接觸到著名的法蘭克福學派
（Frankfurt school）和他們的社會批評理論。
他們用馬克思主義的觀點分析資本主義經濟

關係對文化和思想的影響，認為資本主義社會必然產生嚴酷的精神專制和異化狀態，以不同形式既壓迫著被雇傭者，又壓迫著雇傭者，只有馬克思主義的社會才能為人類生活提供豐富性和自由。法蘭克福學派對時代精神境況的分析和存在主義有許多共同之處，但在政治上，他們認為海德格和他的追隨者既天真又危險：說他們天真，是因為他們不能認識人的真正社會和經濟惡化原因，而一味將之歸於本質的生存狀態；說他們危險，是因為他們的觀點太容易與法西斯主義對於英雄和超人崇拜合流。這種評價並非沒有道理，但鄂蘭作為海德格和雅斯培哲學的追隨者，她始終不同意馬克思關於「社會存在決定意識」的基本觀點，堅持思想和行動的自由絕不能被社會和經濟的原因所犧牲掉；至於海德格哲學與法西斯主義的關係，則是她日後不得不思考和解決的問題。

從 1929 年開始，鄂蘭的思想發生了深刻的變化，用她自己的話說：「她對猶太人問題『睜大了眼睛』。」鄂蘭是一個猶太人，但在

她小時候，這個問題並沒有引起她的注意，雖然她意識到自己長著一張猶太人的面孔，強烈地感到自己與眾不同，但那絕不是自卑感。她後來回憶說：「『猶太』這個詞在我們家從不被提起……我媽媽不是一個對理論感興趣的人……猶太人問題跟她沒有關係。」但並不是說作為一個小孩子，鄂蘭沒有遇到反猶主義：「所有的猶太小孩都遇到過反猶主義（anti-Semitism），許多小孩的心靈都被毒化了。」鄂蘭的媽媽對此抱著實事求是的態度，她承認自己是猶太人，而且也不容許鄂蘭否認這一點。她只是教育鄂蘭，如果老師在課堂上發表反猶太言論，鄂蘭就應該站起來離開教室，讓她媽媽寫信解釋。如果這種話是其他孩子說的，鄂蘭就自己解決，對她來說，這些事情並不是真的是個問題。

　　鄂蘭一直就是以母親教給她的方式維持尊嚴。1925 年她離開馬堡來到弗萊堡，漢斯‧約納斯回憶他們上著名神學家布爾特曼（Rudolf Bultmann）的新約討論班，鄂蘭和他

是班裡唯一的兩個猶太人。鄂蘭直截了當地向
布爾特曼提出，討論班上不得有反猶排猶的暗
示。布爾特曼平靜地向她保證，如果出現反猶
的言論，「我們兩個一起來應付這種場面。」
類似這樣的事情使約納斯感受到她身上有「一
種對目的性的堅定的追求，一種要成爲自己的
強烈願望，面對再大的傷害也要貫徹這一點的
堅定。」

　　總之，三〇年代以前鄂蘭並未感到自己與
周圍的人有什麼不同。因爲在德國，大多數受
過良好教育的猶太人都很好地被同化了，他們
和普通德國人沒有什麼差別。像鄂蘭這樣的家
庭和德國中產階級有著一樣的職業、興趣和習
慣。他們對德國的文化和政治也懷著全部的忠
誠和熱忱。相比之下，他們與窮猶太人之間有
著更顯而易見的差別。因此猶太人長期處於一
種很尷尬的境地：不是做一個賤民（pariah），
被排除在社會之外；就是做一個新貴
（parvenu），在主流社會中扮演另類的角色，
他必須表現出貪婪、冷酷、卑躬屈膝、不顧一

切向上爬的性格特徵，才符合人們心中對於猶
太人的固定模式。總之，在這兩種情況下，他
都不是他自己。後來在《極權主義起源》中，
鄂蘭分析了十九世紀以來德國猶太人同化的
艱難遭遇，並且提出了第三種選擇——做一個
自覺賤民（conscious pariah）。

　　自從 1929 年德國經濟大動盪以來，納粹
勢力不斷增長，1933 年的大選中，德國國家
社會主義成了第一大黨，希特勒成了德國的元
首，對猶太人的抵制和排斥也更加厲害了。德
國的知識分子當時還沒有意識到問題的嚴重
性，大部分猶太人也不願意離開德國。就像杰
拉德·格林（Gerald Green）在其著名小說《浩
劫錄》（Holocaust）中所反映的那樣，誰像無
法相信納粹對猶太人的政策是全部滅絕。鄂蘭
卻很早就表現出了政治上覺醒和反抗的意
識，雖然她對政治的興趣遠不如對哲學的興趣
濃厚，但她更具有強烈的道德敏感度和知識分
子的神聖責任。漢斯·約納斯說：「從 1929
年以來，顯然人們必須面對法西斯主義

（fascism）的高漲。最令我驚訝的，是我的
老朋友鄂蘭在政治學上的崛起，……在那以前
她還是鄙視政治領域的。」

當時對納粹反猶浪潮最堅決、最有效的抵
抗團體是猶太復國主義運動（Jewish Zionist
Organization）和共產黨組織，鄂蘭實際上對
這兩個組織都持保留態度。雖然她的許多朋友
是猶太復國主義者，在她祖父的老朋友，也是
猶太復國主義領袖布魯門菲爾特（Blumenfeld
）的支持下，她到德國各地做關於猶太復國主
義和德國反猶歷史的演講，蒐集反猶的證據。
但她對猶太復國主義始終懷著一種複雜的感
情，她希望它的行動基於對整個國際政治形勢
的清醒認識，而不僅僅是因為猶太人處於危險
之中。她也不贊成「回到巴勒斯坦」，不認為
生活在一個猶太人的國家就是猶太人唯一的
命運。她認為，現在是猶太人站出來為全體猶
太人的權利，也是為人的權利奮鬥的時刻，無
論人們處於什麼樣的背景，生活在什麼樣的法
律保護之下。如果它變成一種狹隘的民族主義

，對其他民族的不寬容就會與猶太人要爭取的
權利相矛盾，巴勒斯坦和以色列長期的戰爭流
血就證明了鄂蘭的擔憂不是多餘的。

　　雖然猶太復國主義和馬克思主義
（Marxism）在反法西斯戰線上是一致的，但
他們的關係並不融洽。後者把前者視為「猶太
法西斯主義者」（Jewish Fascists），前者把猶
太共產黨員稱為「紅色的社會同化者」（red
assimilationists），而願意被同化就意味著對反
猶主義的被動接受。這是鄂蘭這一代猶太人遇
到的兩難選擇。她透過施泰因結識了許多共產
黨員，自國會縱火案以後他們遭到納粹的大肆
搜捕和殺害，鄂蘭和她的母親在他們柏林的寓
所裡掩護了許多共產黨員，幫助他們逃跑。但
是她並不同意馬克思主義的政治主張，她也不
承認自己是一個左派知識分子，她對於政治和
法律權利的關心始終超過對於物質和經濟條
件的關心，自由是目的，不能為任何經濟或平
等的要求所犧牲，這是她終身一貫的政治立
場。

　　重要的是，從納粹上台的那一天起，鄂蘭
就十分清醒地認識到，黑暗時代不僅僅是對德
國猶太人而言的，整個歐洲實際上都已被黑暗
所籠罩，並因而造成西方政治和道德傳統的斷
裂。她不僅站在一個猶太人的立場，而且站在
一個歐洲知識分子的立場，她的戰鬥、她的聲
音、她的思想都是對自由和文明的傳統的拯救
，對人們現在置身於其中的麻木不仁和混亂無
助狀態的激烈批評，不管因此遭遇多少誤解和
孤立，她都義無反顧。

　　鄂蘭從哲學沉思轉向政治生活，當然首先
歸因於她作為一個德國猶太人必須面臨的不
幸命運，歸因於她對自主性的強烈要求和毫不
妥協的性格，歸因於她作為學者必須理解時代
處境的使命，同時，魏瑪許多知名學者投身納
粹，也給她的身心帶來劇創，這使她懂得過一
種單純的學術生活並不能防止政治上的愚蠢
無知，特別是海德格與納粹的同流合污，是她
一生中最寒心的體驗。

　　海德格的政治錯誤是近年來學界的熱門

話題。希特勒上台後他表現出明顯的親納粹傾
向，1933 年加入國家社會主義工人黨（納粹
黨）。在納粹接管政權以後出任了弗萊堡大學
校長，直接或間接地參與了對於猶太學生和教
授的迫害，包括簽署了禁止胡塞爾上課和參加
國內外學術活動的命令。在他的大學校長致詞
中，他提出大學變革的任務，他認爲單純知識
的追求損害了科學的本質，現實的考慮威脅著
人的本真本己性，人生此在已陷入實存的黑暗
。只有革命的壯麗才能把人從文明的假象中拯
救出來，衝入黑暗的最深處解放自身。海德格
就是這樣明目張膽地把他的本真本己性哲學
和納粹政治聯繫起來，並賦予納粹暴力爲形而
上學的深刻意義。後來鄂蘭在她的《極權主義
的起源》中，把這種情形刻畫爲「賤民與精英
的聯盟」，那種蠱惑人心的經驗對於二十世紀
的人並不陌生：群體激昂的集會、廣場中的歡
呼、陶醉地聆聽廣播裡領袖的談話。海德格就
這樣幼稚而又狂熱地把自己幻想成柏拉圖
（Plato）的「哲學王」，他站在山頭篝火旁對

著學生歡呼:「逝者如斯,人生苦短,但我們
衝破未來黑暗的勇氣倍增。我們在任何時候都
不能在戰鬥中變成瞎子。火炬指引著我們、照
耀著我們、給我們指出前進的道路。在那裡只
能前進,不能倒退。點燃火炬吧,讓我們的熱
血沸騰吧!」

　　海德格出任校長只有短短的幾個月,指引
他的火炬和他手中所擎的火炬很快就歸於黯
淡,因為他的本真本己性的革命與納粹的期望
越來越遠,也有一種普遍的說法是他成了黨內
無情鬥爭的犧牲品。但無論情形怎樣,他畢竟
感到了厭倦、感到了痛苦、感到了力不從心,
因為從本質上,他意識到自己是不諳世俗政治
的,尤其是納粹所屬的政治,故而在納粹對於
猶太人的屠殺達到災難性的頂點時,他開始更
深地沉浸在對於西方歷史起源的思考中。但作
為享有盛譽的哲學家,他一度與納粹沆瀣一氣
的行為不僅給他自己帶來人格和道德上的污
點,也給普遍民眾造成重要的思想影響,誠
然,海德格的錯誤並不是偶然的,因為當時許

多人都相信希特勒可以拯救魏瑪混亂的局
勢，如高失業率、經濟危機、巨額戰爭賠款問
題、共產黨上台的危險等等。如果沒有如此之
廣泛而又強大的群眾基礎，納粹對猶太人的迫
害也就不可能達到如此之囂張、如此之匪夷所
思的地步。海德格也因之為自己脫罪說他出任
校長是為了避免黨的幹部接管學校，並且藉此
機會完成大學改革的任務。但更為基本的原因
也許是，希特勒對他來說意味著一個新時代的
開始，一個存在史上全新的轉折。戰後清查納
粹委員會的紀錄中，對海德格的辯詞做了如下
概括：「他相信希特勒經過發展會超過他的黨
和他的原則的侷限；運動可以被導向另外的軌
道，在更新和聚集的基礎上，一切將匯集成為
歐洲的責任。」

　　1933 年初，鄂蘭在流亡國外之前，曾寫
信給海德格，對海德格的所作所為表示了深深
的不安。她問他是否在討論班上趕走了猶太學
生，以及不與猶太同事打招呼、趕走了猶太博
士等事，總之問他是否已成為一個反猶主義

者？這是 1950 年以前鄂蘭寫給海德格的最後
一封信。事情已經很清楚了，實際上無需再追
問，在海德格的朋友如胡塞爾、雅斯培都遭到
納粹的迫害時，海德格爲什麼能對這一切視而
不見、泰然處之？更讓鄂蘭震驚和不能原諒的
是，在戰後海德格還固執地對這段歷史保持沉
默、拒絕道歉。他的錯誤是偶然和天眞所致，
還是和其哲學有必然的聯繫？不弄清楚這個
問題，鄂蘭就感到永遠無法釋懷。1945 年以
後，鄂蘭在和雅斯培的通信中多次討論過海德
格的問題，並且最終取得了一致意見：海德格
顯然是這樣一個人，在他思維的熱情中，沒有
生長出道德的敏感性。1946 年在〈什麼是生
存哲學？〉一文中，鄂蘭認爲法國式的存在主
義始於謝林，經過尼采，直到海德格，越來越
強調個人自身是眞理之所在，並形成與虛假的
社會整體的對立。從雅斯培開始才克服了這一
傾向，海德格的著述達到了存在主義唯我論的
顚峰。鄂蘭說，誰拒斥了「常人」們習以爲常
的世界，誰就放棄了人之爲人的基礎，所剩下

的只能是賣弄自己的虛無性。她還暗示,海德
格脫離日常性的思想使人們對野蠻的罪惡無
任何抵抗力。總之,鄂蘭對海德格的感情是痛
苦、複雜並且充滿矛盾的,在〈什麼是生存哲
學?〉一文的最後,她又以難以克制的柔情,
試圖原諒他:「實際上,海德格是最後一個(我
們希望是)浪漫主義者,他『完全的不負責任』
部分歸因於他天才的錯覺,部分歸因於他的狂
熱。」

　　1949 年鄂蘭受「歐洲重建猶太文化委員
會」之邀請,到歐洲做了兩個月的工作,這是
她流亡數年後第一次回到歐洲。她首先去巴塞
爾拜訪了雅斯培夫婦,他們自 1938 年就相互
斷了音訊,直到 1945 年才恢復了聯繫。雅斯
培在戰後給鄂蘭的第一封信中說:「他幾乎放
棄了鄂蘭還活在世上的希望。」鄂蘭回答說:
「自從我得知,你們兩個人居然經過了地獄般
的混亂,健康地活下來了,我又有了在世界上
還有個家鄉的喜悅。」因為雅斯培的妻子是猶
太人,而且他拒絕與納粹的任何合作,1938

年後他就被禁止參加學術活動和出版著作。
1945 年美軍到達海德堡，正好把他們夫婦從
納粹的「驅逐」下解救了出來。多年來他毫不
妥協地堅持自己的信念，戰後被希望重新把德
國建立成一個民主國家的人譽為「民族的良心
」。對鄂蘭來說，與他重新取得聯繫，意味著
久遠的過去與她所信任的未來之間又獲得連
續性，即使中間出現過可怕的斷裂。因為他的
存在，讓人相信世界上還有某種不變的東西，
當在其巴塞爾的新家見到他時，她立刻有了回
家的感覺，無論個人情感上還是哲學上。她懷
著女兒對父親的愛向雅斯培坦承了與海德格
的那一段情，雅斯培說：「哦！這可真讓人激
動。」鄂蘭大鬆了一口氣。1958 年雅斯培獲
得德國和平獎，鄂蘭被邀在頒獎典禮上致詞，
她說：

　　「人人都知道他在大災難中始終保持堅
定。但是並非人人都知道他的不容侵犯性，正
是因為如此，整件事情從來沒有成為他的誘惑
。對於認識他的人來說，這一點比抵抗和英雄

氣概有更大的意義。它意味著一種無需證實的
信任，相信在任何事都會發生的時代裡，有一
件事情不會發生。在他完全孤獨的時候，他所
代表的不是德國，而是德國殘存的人道。似乎
他以他的不容侵犯性，獨自照亮了理性在人與
人之間建立和保存的空間，即使其中一個人也
沒有，這個領域的光亮也會留存……。」

　　鄂蘭在說這番話的時候，也一定遺憾地想
到了海德格。

　　在來歐洲之前，她還不能決定是否去找海
德格。1950 年 2 月因工作途中經過弗萊堡，
到達的當天她就給海德格寫了一封未署名的
信，只有幾個字：「我來了。」正像她所希望
的那樣，他不僅知道她是誰，而且立刻就趕到
了旅館。一場偉大的愛情，也有著平凡的盲目
，但鄂蘭不是西蒙・德波瓦，十七年的坎坷遭
遇更使她明白了堅持成為自己對於她有著何
等的重要性。她不再是十八歲的小姑娘，而是
揚名國際的學者，雖然海德格從未重視過她的
工作，也沒打算從她那裡學點什麼。這次見面

後，她在給布呂歇爾的信中說：「基本上說，我很幸福，很簡單，因爲證實了：我是對的，從來沒有忘記……。」

1949 年在清查納粹運動中，海德格獲得的評定結論是「脅從分子，免於制裁」。於是弗萊堡大學勉強解除了他禁止教學的決定，但他仍然要承受對那段不光彩的歷史的譴責。鄂蘭和雅斯培不計前嫌，爲他恢復工作做了許多努力。1949 年初，雅斯培給弗萊堡大學校長特倫巴赫的信中說：「馬丁・海德格在哲學中的中工作成績斐然，是當今世界最重要的哲學家之一。在德國沒有人能超過他。他幾乎隱藏不露的、充滿了極深刻問題的，在他的發表作品中只能間接看到的哲學思考工作，也許會使他成爲在這個哲學貧困的世界中一個獨一無二的人物。」鄂蘭也爲海德格的著作在美國的出版四處奔走，以擴大他在歐洲以外世界的影響力，不希望他的政治錯誤影響到其哲學。

1960 年，鄂蘭的哲學代表作《人之條件》德文版問世前，她送給海德格一本，並在附信

中說：「如果我年輕時未曾從學於你的話，就不會有這本書的誕生。」在沒有寄出去的一張紙上，她寫道：「《人之條件》此書之獻詞可以省略，我如何將它獻給你，可靠的、我一直忠實的，以及我曾不忠實的兩人之愛。」

　　鄂蘭雖然不是海德格的忠實學生，但她的思想在很大程度上受海德格的影響。她也主張人與世界的關係，首先不是一種認識和理論上的關係，而是人在世界存在的理解和謀劃的活動。這種活動同時就是存在之真理的發生、一個開放的過程。她對人之存在的政治性的揭示，使用的是她從海德格那裡學會的，對此在現象學的分析方法，同時，就像海德格研究存在問題回到古希臘和前蘇格拉底哲學，回到作為起源的存在，在辭源學上恢復了存在給人最初的驚奇和敬畏一樣，鄂蘭也返回到同一時期，在古希臘城邦政治思想的基礎上重建了一種嶄新的、富有活力的政治觀。

　　但鄂蘭認為，使開放的過程得以保持的，不是個人的本真本己性，而是公共性。我們在

世界中的存在意味著，與許多人共同分享一個
世界，共同建構一個世界。世界不是人和物的
總體，而是不同的人構成的「之間」，不同的
人的共同存在才能保持一個世界，不僅保持著
我們的語言文化和傳統，也證明和實現個人的
存在。同時，公共性的存在論基礎在於差異性
，正因為人們是許多彼此不同、多樣的人，他
們才有相互交談、相互理解和一起行動的需要
，才有彼此競爭，顯示自己的需要，從而公共
領域才成為必要的和可能的。作為對海德格哲
學的改造，鄂蘭後來發展出一個真正的政治理
論思考，它源於「不同人的相互存在和共同存
在」，這種哲學拒絕對所謂個別人的「本真本
己性」做神秘化的提升，並堅持對每個人的生
存和苦難做出回應。

　　海德格從本真本己性的決斷性的自己存
在發源出本真本己性的相互共在，但這種相互
共在並不是平等、和諧地共處於團體之中，因
為要構成團體，就要擺脫孤立性、個體性的願
望，就有可能淪為本真本己性所反對的「常

人」、「眾人」,遺忘在「常人」、「眾人」當中。
所以「相互共在」在他那裡不具有基礎存在論
的意義。海德格不是像鄂蘭那樣,從人類存在
的多元性和差異性去思考公共領域的作用,他
認為公共領域不過是「常人」廉價的意見市場
和遊樂場,是非本真本己性。而本真本己性的
真正的「我們」就是人民。單一的集體——人
民的出現滿足了本真本己性的哲學要求。這種
思想導致海德格後來把國家社會主義革命看
成是人生此在的革命,誤以為是本真本己性的
歷史時刻的到來。但這個結論並不是海德格的
基礎本體論的必然結果,如果克服《存在與時
間》中的唯我論傾向,就能為多元政治的可能
性提供基礎和活力。鄂蘭對海德格哲學最重要
的補充是:她提出了差異性(difference)的
概念和公共性(public)的概念,這種補充的
意義甚至不僅僅是在政治哲學方面,而且在實
踐哲學上提供了更為廣闊的思想空間。

三、自覺賤民

　　今天，承認（recognition）的政治已經成
爲政治哲學的熱門話題，承認的需要和要求涉
及少數民族團體、女性等弱勢團體和形形色色
的賤民團體，成爲文化多元主義的中心議題，
特別值得注意的是查理斯‧泰勒（Charles
Taylor）在這方面的貢獻。在〈承認的政治〉
一文中他認爲，承認之所以有其重要性，首先
是個人的認同需要他人的承認，我們對於自己
是「誰」，對於自己的本性和特徵的理解，部
分是由他人的眼光所構成。其次，如果得不到
他人的承認，或者只是部分地或扭曲地承認，
就會造成一種壓迫形式，把人囚禁在虛假的、
被扭曲和被貶損的存在方式中。泰勒是從加拿
大魁北克法語團體的權利出發提出這個問題
的，鄂蘭從猶太人問題出發的政治思考與此有
相似之處，也許更具有深刻性和前瞻性，因此
人們常常把她和泰勒、麥金太爾（Alasdair

Macintyre）、桑德爾（Michael Sandel）等人一
起歸入社群主義（communitarianism）的代表。

在《艾希曼在耶路撒冷》引起巨大爭議
時，鄂蘭曾解釋自己對猶太人身分的態度，她
給各斯霍‧紹勒姆（Gershom Scholem）的信
中寫道：「事實上我從沒假裝成任何其他人，
或假裝不是我所是的那種樣子，甚至從未感到
這方面的誘惑。那樣就會想說我是一個男人而
不是一個女人，即否認自身生命的一個無可爭
辯的事實，可是我從未想改變或否認這類事實
。有一種……根本的感恩，對一個如其所是存
在的事物；對被給予而不是，也不能製造出的
事物：對是 physei 而不是 nomos 的事物。」
一種根本的感恩，這裡談的不是「感激」、「自
豪」，毋寧說她的態度是接受，接受我們的「命
運」——每個人被給予生來條件的一部分，人
們從中成長卻不能完全超越它。雖然生來性
（natality）有穩定和普遍的性質，但也有歷
史、地理和某些社會的向度，從這些向度中產
生的特殊性使我們多樣化，並規定了我們在社

會中的「所是」（what），構成了我們是「誰」
（who）形成和實現的基礎，但它絕不能完全
規定我們。

　社會不僅規定了我們之「所是」的具體方
面內容，也把包括在多樣性中的身分分成不同
等級並賦予了不同價值，把一些人接受和承認
為社會成員，把另一些人歸入「局外人」，甚
至「被驅逐者」和「賤民」的行列，這種等級
制度阻止了這些「局外人」充分實現其內在可
能性和潛力。然而只有在行動中，一個人才能
展現他／她的本性，即可能性，也只有在行動
中我們才理解自己，並使自己被他人理解。在
後面的一章中我們會看到，鄂蘭證明了人類的
多樣性，即「不同的人共同存在」是行動的條
件，而行動又揭示了每個人是誰。行動只能表
現在與他人的關係中，即主要表現在公共領域
，賤民被排除在公共領域之外，不僅他們自身
的失敗，而且也損害了公共領域。

　賤民是不被社會承認的一群，而新貴得到
的則是扭曲的承認，他們被當成某種例外，具

有某些例外的特性。即使他們企圖適應這種曖
昧、尷尬的角色,他們的處境仍是令人不舒服
的。鄂蘭在她的名著《極權主義起源》中對此
有深刻的分析:「猶太人既又有賤民不能成為
新貴的遺憾,又有新貴背叛了他的人民和以個
人特權交換平等權利的悔恨。」

　　鄂蘭早年寫的《拉爾‧瓦哈根(Rahel
Varnhagen)──一個猶太女性的一生》一書,
常常被看作她自身的寫照,是她對自己雙重的
賤民身分──一個猶太人,一個女性的個人認
同。拉爾 1771 年出生在柏林一個猶太富商的
家庭,她是歌德時代倡導婦女走向社會的積極
代表,她的沙龍很長一段時間內成了柏林文學
界的中心,在那裡聚集了許多著名的知識分子
和作家。但是拿破崙戰爭打破了她的朋友圈子
,德國貴族反猶情緒日益強烈,這時拉爾才越
來越感到猶太人低下的社會地位。

　　鄂蘭最初把拉爾描繪成一個沒有歷史的
人:在一個完全不屬於她的世界裡做沙龍女主
人,她以她的美貌才情維持著外在空虛的地位

，內心深處卻無休止地、絕望地思索著她無根底的人生，不停地變換著處事方式。拉爾和非猶太人馮·福可斯坦伯爵的戀愛對她意義重大，她希望因此獲得外在堅實的世界。按拉爾的願望，伯爵不僅應在沙龍裡而且應在他的家庭成員面前承認他們的關係，這種公開性對拉爾十分重要。用鄂蘭的話說，如果伯爵沒有勇氣送給她一個清楚明白的答案，至少應該下定決心斷絕關係。鄂蘭認爲，他任由事情發展，以致最終讓這種關係的惰性戰勝了愛情曾經的驚心動魄，這是對拉爾的屈辱，由於缺乏和世界自然的聯繫，失去愛人以後拉爾唯一剩下的東西就是自由了。這是不是鄂蘭失去海德格後的感覺？

在傳記的最後一部分更能看出鄂蘭和拉爾精神上的一致性，拉爾不愛瓦哈根，但跟他結婚，就可以擺脫那種除了浪漫和自己的人格之外一無所有的痛苦，因此，她認可和歡迎了她生活中這種殘酷的真實。後來，她漸漸認識到作爲社會的「新貴」，她在這種虛假、錯誤

的方式中完全喪失了自己,僅僅被德國人接受
爲一個「特殊的猶太人」,不能真正地成爲社
會的一部分。既然不能成爲上流社會當中的一
員,也不能完全脫離它,最終她選擇了「自覺
賤民」(conscious pariah)的角色,這樣就可
以既不排斥社會,也不忘記和隱瞞她與那些局
外人的聯繫,從而保持了自己的獨立性。這裡
拉爾完全以自己的方式描述拉爾的位置,拉爾
的決斷也反映了二〇年代中期鄂蘭給自己確
定的位置:始終是一個德國人和歐洲人,屬於
它們的文化,但也同時也是德國和歐洲社會的
「自覺賤民」。

　　鄂蘭在 1932 年到 1933 年期間開始寫《拉
爾·瓦哈根》,最後兩章是 1938 年在巴黎寫完
的(這本書到 1958 年才出版)。無疑在她即將
完成這本書時,拉爾的痛苦經歷表達了更深刻
的社會意義。拉爾無法成爲他人社會中的一員
,一方面是由於在她的時代,男性對女性的普
遍期望與女性自身的要求之間存在很大的分
歧,這是一個無法彌合的鴻溝。另一方面是她

發現，一個猶太人要進入社會只能以欺騙別人
、隱瞞真相、犧牲自然衝動、濫用感情為代價，
而這些事都是她做不到也不打算做的。僅僅在
這種認識中她才產生出勇氣，一種返回自我的
勇氣，雖然她並不是一個天生勇氣的人。

　　鄂蘭認為，我們之「所是」所給予的特性
無疑限制了我們，然而，這些特性所開啓和關
閉的可能性不僅是歷史和社會特定的，我們不
僅被動地遭遇可能性，而且以多種方式與之發
生關係，在鄂蘭看來，甚至賤民的情況也是如
此，不選擇也是一種選擇，比如，一個人可以
毫無反抗地接受作為賤民「被排斥」的命運，
不引人注意，也絲毫不影響他生活於其中的共
同體；或者，一個人可以使自己同化、否定或
隱瞞自己的所是，藉以獲得參與共同事務的權
利，採取第二種選擇的人就變成鄂蘭所稱的「
新貴」。在鄂蘭看來，這種生活策略必將導致
一種不斷的自我否定，也必然否定了與他真正
屬於的那些人的團結。這就使鄂蘭認同另一種
可能性，他們與自己所是的關係的第三種選擇

：「自覺賤民」，渴望被同化的人不能隨意挑選或選擇他／她樂意同化的方面，不能自行決定他／她的好惡，自覺賤民不僅堅持他／她是什麼人的權利，而且始終堅持他／她是誰的權利，因而能夠保持獨立判斷和自我實現的能力，與兩個團體都保持一定的距離──生來所屬的團體和他／她生活與其中的團體。

　　鄂蘭在講述拉爾的故事中選擇了自覺賤民的立場，她還在海因里希‧海涅（Heinrich Heine）、肖洛姆‧阿萊赫姆（Sholem Aleichem）、弗蘭茨‧卡夫卡（Franz Kafka）和瓦爾特‧本雅明（Walter Benjamin）的生活和作品中發現了相同的態度。所有這些人都「肯定了他們的賤民身分，和在歐洲文化中占一席之地的權利，最重要的是，所有這些人都是衷於他們自己。」同樣重要的是，這些人都拒絕一切把他們看成特例的企圖，正如每個人都是一個特殊的和唯一的人。由於拒絕了社會所安排的角色，他們也是反叛者。成為反叛者和被孤立幾乎是所有自覺賤民的遭遇，這種遭遇

並非他們有意尋求的，而是產生於他們更爲基本的選擇。

要求每個人在其個別性和唯一性上得到平等的承認，在無法選擇生存狀態的主流社會裡則是自覺地激起選擇，鄂蘭關於自覺賤民的思考表現了她對於差異性和政治性的重視。「多樣性是人類行動條件」，鄂蘭說，因爲它意味著「我們之所以是同樣的人，是因爲沒有人和曾經活過、正活著和將要活的任何其他人相同。」正因爲人們具有其性別、民族、文化、政治、天賦、興趣、性格、氣質等諸多差異，人與人之間才有相互交流和相互理解的需要，才有「言語和行動的共享」。如果人和人之間沒有任何差別，那麼他們靠沉默和暴力保持動物般的生存就夠了。因此，在鄂蘭看來，多樣性或差異性具有存在論上的優越性。並且，在多樣性的條件下人類對「言語和行動的共享」開放了政治空間，而政治活動又保持和實現著每個人的不同個性。對於差異性的尊重和對於平等參與公共事務的重視，是她對於猶

太運動和婦女運動的一貫立場。她支持婦女爲
平等權利的鬥爭，但她不認爲婦女需要放棄女
性的生活方式，正如猶太人不需要放棄猶太生
活方式，這都是他們自己的事。運動應當集中
於平等的政治權利的確立，直到婦女能和男性
一樣參與國家事務，同時，她們仍然能以自己
喜歡的任何方式生活。1953 年普林斯頓大學
請她做訪問學者，她也考慮過拒絕，因爲一些
男同事強調他們首次讓一位女性主持宗教討
論班的「厚愛」，這很令她惱火。她感到自己
被當成一名「例外女性」，就像拉爾·瓦哈根
和其他「例外猶太人」在十八世紀的德國貴族
社會受到的厚愛一樣，這種地位類似新貴的同
化，她覺得默許這種態度就是對其他女性或猶
太人的背叛。

　　同時，鄂蘭在對待婦女運動和猶太人運動
上，都反對把「社會化」（social）問題和「政
治性」（political）問題混淆起來，社會性問題
與物質條件和需求的滿足相關，而政治性問題
則強調對於公共事務平等地參與權利。當然，

生存需求都得不到滿足的人更不用談政治上
的平等和自由，但她認為，革命或運動以需求
為導向必然造成對自身權利的抹殺，最終也損
害了政治領域。在鄂蘭看來，當前的婦女運動
提出的許多基本問題都是社會的而非政治
的，他們關心婦女的經濟解放勝過作為公民的
自由，而這根本不是真正的解放，因為真正的
解放必須是婦女作為女性的解放。這不是說誇
大其特異性，因為只有忠實於我們的「所是」
和我們是「誰」，即只有堅持個人和集體身分
的多樣性，我們才能實現我們共同的人性。如
果婦女運動首先關心自身的「社會問題」，她
們可能就不能勇敢地承認和面對婦女自身內
部意見和判斷的多樣性，也不敢面對外部的不
同意見，導致運動的畸形發展。雖然這種思想
已經被目前的女權主義（feminist）理論普遍
接受，但鄂蘭的思考卻深具原創性和啓發性，
特別是與她傑出的政治哲學思想聯繫起來看。

　　二十世紀歐洲的知識分子都親身經歷了
歐洲文明的支離破碎，精神上的無家可歸，歐
洲彷彿像脫軌的火車，成了歐洲人無法理解的
「昨日的世界」。猶太血統的思想家更直接處
在時代風暴的中心，他們一夜之間無家無國，
被迫流亡，無論走到哪裡，死亡集中營都像一
個可怕的夢魘，向他們拷問著生存的意義和責
任。胡塞爾、雅斯培（其妻是猶太人）、霍克
海默（Max Horkheimer）、阿多諾等人都在不
同程度上對這段歷史做了哲學上的反思，這種
歷史命運直接影響了鄂蘭一生思想的起點和
方向。鄂蘭的政治哲學包含三方面的思想傳
統：亞里斯多德的《政治學》、羅馬古典共和
主義傳統和海德格「在世存在」的思想。即使
如此，人們也很難把她的思想歸入某個傳統思
潮或哲學流派，她也一直堅決拒絕加入流行的
合唱，因為引導她思考的是當代政治現象，任
何「客觀」、「科學」的理論都不能提供一種參
與的態度而直接面對政治現象本身。二十世紀
在政治上暴露了前所未有的危機：納粹主義、

帝國主義和極權主義、大屠殺、公民政治文化
的崩潰、金錢和權力對政治的壟斷等等。鄂蘭
的個人遭遇和思想經歷促使她一生都試圖理
解「發生了什麼事情？」，她對當代哲學的巨
大貢獻已日益受到重視，尤其她是第一個從政
治哲學上探索極權主義起源的人。

　　本章闡述了鄂蘭對人類存在境況的分
析，由此她揭示人存在的意義在於和他人在一
起，透過行動和言語顯示自身。真正的政治是
人們交互行動和自由交流的活動，由政治行動
所實現的公共領域對人的存在具有本質重要
性，她認為，自從柏拉圖把思辨生活置於積極
生活之上，將知與行相分離，把政治實踐想為
技術和製造的開始，古希臘城邦政治所表現的
多樣性和顯現性特徵就逐漸被單一性和工具
性所遮蔽了。近代開始於地理大發現和資本主
義對財產的剝奪，伴隨著世界異化（alienation）
和主體主義（subjectivism）的上升，從此私
人領域（private space）迅速崛起，最終取代
和吞噬了公共領域（public space）。鄂蘭的分

析深刻地表明極權主義的根源在於現代性危機——公共領域的衰落。

一、人類活動的現象學分析

　　海德格對此在現象學（phenomenology）的分析對鄂蘭的政治哲學有很大程度的影響，促使她對政治本性的探討建立在對存在條件和意義分析的基礎上，同時，追問什麼是真正的政治並要求返回到政治的本源，而政治哲學作爲西方文化傳統的一部分，起源於歷史上實際存在過的一段政治生活，即古希臘的城邦政治。古希臘曾出現過一種獨特的人的形式——追求政治存在和實現政治存在。雖然這一存在形式在歷史上稍縱即逝，但關於其存在的體驗卻在早期的神話、詩和哲學殘篇中留下了不可磨滅的痕跡。正如海德格研究存在問題回到古希臘和前蘇格拉底哲學，回到作爲起源的存在一樣，鄂蘭也返回到同一時期，在荷馬史詩、前蘇格拉底哲學和古希臘城邦中尋求真正

的政治是什麼。對 Polis 的久遠回憶帶有歷史
和哲學的雙重意味：城邦政治生活爲什麼代表
了一種特殊的生活方式；政治如何顯示自身，
它對於人存在的本真性和基礎性。

在《人之條件》的開頭，鄂蘭寫道：「我
打算用 vita activa 這個詞來表示三種基本的人
類活動：勞動、工作和行動。它們之所以是基
本的活動，是因爲它們每一個都對應於人在地
球上被給定的一種生活狀況。」

勞動是相應於人體生物過程的活動，人體
自發的生長、新陳代謝和最終的衰亡都要依靠
勞動生產和供應給生命過程的生活必需品，所
以勞動的人之條件是生命本身。

工作是相應於人類存在的非自然性的活
動。人類存在不在於物種永無休止的生命循
環，其必死性也不可能以物種的循環來補償。
工作提供了一個完全不同於自然環境的人造
物的世界，個體生命居於其中，然而這個世界
本身將會超越人而長久地存在。工作的人之條
件是世界性（worldliness）。

　　行動是唯一無需事或物的中介而直接在
人與人之間展開的活動。它相應於多樣性的人
之條件，因為事實上是人們，而不是單個的人
生活在地球上以及居住在世界中。雖然人之條
件的所有方面都多多少少與政治相聯繫，但特
別的是多樣性是所有政治生活的條件。因此在
羅馬人（他們也許是我們已知的最具政治意義
的人）的語言中，「生活」與「在人們當中」、
「死亡」與「不在人們當中」被用作同義詞。
行動乃人之條件甚至在「創世紀」中已顯明地
表現了其最原初的形式（乃是照著他們的形象
造男造女），只要我們理解上帝造人的故事根
本不是說上帝最初造了一個男人（亞當），是
「他」而不是「他們」，以致於認為大批的人
只是同一模子的無限繁殖、無限重複的產物。
如果所有的人都有著一模一樣的，並且像任何
其他東西一樣可重複的性質和本質，那麼行動
就會是一種不必要的奢侈，是對行為普遍法則
的任意干預。多樣性是人之條件，因為我們之
所以是同樣的，即都是人，在於沒有人和曾經

活過、正活著和將要活的任何其他人相同。

　　鄂蘭繼承了亞里斯多德的生產—工藝—實踐（techne-poiesis-phronesis）的三分模式，認為行動就是在生活實踐當中自由決定的行為，是表現人的價值和意義的實踐活動，尤其是在人與他人共存與世的關係中，在人們多樣性的條件下，表現人之為人的價值和意義的實踐活動。在古希臘，這種公開行動、共同行動的形式就是政治活動。鄂蘭的突出貢獻在於，她對積極生活（vita activa）所包含的三種活動——勞動、工作和行動——進行了現象學的分析，以顯示它們之間的根本區別。

　　勞動與單純的生存相聯繫，是滿足生存必需品的手段和服從於生物本能的活動。勞動最明顯的特徵就是從屬於永遠無法擺脫的生命循環：需求、勞動、消費、滿足、再生產的需求、再勞動……，也就是馬克思所謂的「人與自然的新陳代謝」。勞動在世界上沒有留下任何痕跡，它的產物一出現就注定要被消費掉，勞動者在世的顯現也僅僅作為一種生物物種

的代表。可以說，勞動的現象學層次很低，介
於物種生存的匿名性和個人體驗的私人性之
間。

把人從生命循環、從必需性的負擔中解脫
出來的第一個活動是工作。工作。在製造的涵
義上，希臘人稱之爲 poiesis，鄂蘭認爲人類
存在的「非自然性」是工作的必要條件，即對
自然的暴力改造。工具的發明、產品的製造打
破了生命自然循環的轉瞬即逝和徒勞無功，在
它之外創造了一個更持久的領域，持久的東西
在其中顯示自身。這個領域不是單純的生命環
境而是一個「世界」，一個共同的人類世界。
所以工作的人之條件也就是世界性。持存而穩
固的人造物世界爲人類提供了可依恃的家園
和共享的空間，它使一切和這個世界相聯繫的
東西都獲得了獨特的同一性，使某一存在者得
以作爲它所是的存在者而存在，因此，「世界
性」也是人最本質的生存狀態。世界的共同性
使人們相互聯繫，世界的超越性又注定每個人
只在從出生到死亡這段不可替代的時間內出

現，這樣，人既不會被單一的自然循環所吞
噬，又不會與其他人相混淆，從而保持了個體
的身分。

　　鄂蘭從兩方面論證了現象學在工作中比
在勞動中有更重要的地位。首先，勞動既沒有
明確的開始，也沒有明確的結束，活著為了吃
還是為了活著？而再製造活動的開始出現了
一個被賦予穩定性和相對持久性的模型，工作
在模型的引導下進行。製造活動的結束表現為
一個產品，無論它與模型相比是多麼不完美，
都被看成世界之中一個可見的、持久的存在者
。但是製造活動因此而服從於手段和目的的範
疇，當工具主義統治了製造活動和製造者的思
想意識時，每個最終產品又都變成了單純的手
段，為了下一個目的而抹殺了自身的顯現，最
終的結果是實用性和功能性不斷威脅著人造
物的持久性和顯現性。其次藝術品是非功利的
，在其獨特性上是不可交換的人造物，鄂蘭認
為藝術品充分表現了世界的持久性和顯現性
特徵。在〈世界的持存和藝術品〉一節中，鄂

蘭寫道：

　　「似乎事物的穩固性在藝術品的恆久中
得到證明，因此一種關於不朽的預告——不是
靈魂或生命的不朽，而是必死的人用雙手創造
的不朽的東西——變得清晰可觸、閃耀和被看
到、響起和被聽到、說出和被讀到。」如果沒
有藝術品持久地揭示，像世界開放和交流，「偉
大的行為和偉大的言詞」很快就會消失，被人
類忘卻。「如果勞動的動物需要製造者的幫助
來減輕勞動和他的痛苦；如果必死的人需要製
造者的幫助去建立地球上的家園，行動和言語
的人就需要製造者在其最高能力上的幫助，也
就是藝術家、詩人和歷史學家的幫助，因為沒
有這些人，他們活動的唯一產物，其行動和言
語的故事就無法倖存。」

　　行動是唯一無需物的中介而直接在人與
人之間進行的活動，是每個人作為人向其他人
顯示自己的方式，也是人類最富自我意識的活
動，每一次活動都是一次創造性地對人類世界
的切入，一個新的意義自發性地產生。古希臘

人以行動追求自身的偉大和不朽，就像伯里克
里的演講所指出，行動和演說內在有意義，判
斷行動的標準不是動機或目的、成功或失敗，
而是偉大。行動的存在論基礎在於人的多樣性
，「行為和言語的基本條件，人的多樣性，有
相同和差異兩方面的性質。如果人們不相同，
他們就不能理解自己和理解前人，也不能計畫
未來和預見後人的需要。如果人們不相異，每
個人不與活著、活過和將要活的其他任何人相
區別，他們就無需言語和行動以使自己被理解
。要交流直接用一樣的需要和需求、符號和聲
音就足夠了。」行動意味著在人類「多樣性」
的條件下，每個人透過他人之在場來揭示「我
是誰？」。我們不可能在心理學、生理學、人
類學或哲學上定義「我是誰？」，因為任何定
義都是對人的性質、性格的描述，即普遍性的
描述。一個人是「誰」只能靠他的言語和行動
來顯示，並在主體間的交互關係中，透過他人
的看和聽得到承認。像亞氏一樣，鄂蘭認為行
動的目的在於揭示行為者自身，但這種揭示不

是在個人和他自己之間進行的，而是在自己和他人之間進行的過程。一個人可以孤獨地受苦、獨自勞動和生產，但孤立的行動是不可能的，行動總是交互行動。行動顯示著個體的獨特性和唯一性，這種顯示同時也就是對「你是誰」這個他人提出問題的回答。在行動的公共空間中，實踐的行動者必須說明、宣告行動者的目的、意圖、闡明行為的意義，理解他人和使自己被理解，所以言語是行動的基本要素，它把行動從威脅它的無意義的空虛和被遺忘的可怕中拯救出來。荷馬（Home）的《奧德修記》中有一個典型的例子可以說明行動和言語的一致性：奧德修聆聽樂師歌唱他自己的坎坷經歷，為歌唱的人物潸然淚下，雖然他就是故事中的主角，但只有透過樂師的歌唱、講故事者的講述，行為才對他顯示了本身的存在和意義。中國古代人講求的「立言立功」也有同樣的意思，以立言和立功作為實現自我、戰勝死亡的唯一方式。

　　鄂蘭曾參加過海德格在馬堡大學主持的

《尼可馬科倫理學》（*The Nicomachean
Ethics*）討論班，在那時海德格首次提出了此
在現象學，並把《尼可馬科倫理學》稱爲此在
現象學。現象學在辭源學上意味著事物從自身
中顯示自己，讓顯現自己的東西自身可見，經
過海德格改造的現象學作爲一種本體論的方
法。不是主體主觀的工具性設置或操作程度，
而是事物本身——存在顯示自己的方式。鄂蘭
對勞動——工作——行動的比較表明行動具
有最充分的現象學特徵，它既是以自身爲目的
的活動又是實現自身的過程，也就是亞氏所稱
的 Energia。行動的現象學特徵還在於行動與
公共領域——現象空間和顯現領域——不可分
離的關係。

二、公共領域的意義

　　在〈傳統與現代〉（Tradition and the
Modern）一文中，鄂蘭寫道：「亞里斯多德對
人的雙重界定——作爲城邦的動物和作爲邏

各斯的動物,亦即人在言語活動中和在城邦生活中實現其最高的可能性,被構想為區分希臘人和野蠻人,自由人和奴隸的標誌。」古希臘人對於人的理念,可以簡單地用「觀照存在並據之以行動者」來表達,言語作為對神的觀照同時也是一種實踐,人必須依觀照而行動,這個行動是不顧一切自我揭示的渴望,寧願捨棄生命也要追求自由和偉大的願望,也是古希臘最重視政治品德──勇氣的表現。政治領域產生於「言語和行動共享」,但「言語和行動的共享」直接產生的還不是政治領域,而是顯現空間,只要人們以言語和行動的方式生活在一起,一個顯現空間就會產生,在此基礎上才形成公共領域的所有規範結構和政府的各種形式,即公共領域被組織起來的各種形式。城邦作為古希臘特有的政治領域,就是公民對話和行動的場所、參與和共享的空間。

　　如果說勞動和工作可以在孤獨沉默中進行,行動和言語則必須與他人共在,處在一個交互行動的關係網絡和言語交流的環境當

中。由於人們的多樣和差異，每個行動一開始就要陷入不確定的多樣化的各種觀點的相互作用當中。因而實踐的行為者就只是演員而不是導演，是行為的發動者而不是結果的操縱者，行為的結果也常常是模糊、不可預測甚至出乎意料的，同時行動和言語又是人為產物中最為短暫易逝的，鄂蘭認為這就是行動內在的脆弱性。希臘社會對此的解救之道就是城邦的締造，為了克服這種脆弱性，城邦的目的就是在它自身內部儘可能把它所有成員的實踐活動整合起來、穩固起來，以便創造和維持作為善的那種生活形式。

　　「對於這種脆弱性，希臘原初的、前哲學的解救之道就是城邦的締造。城邦——有兩方面的功能：首先，它要使人們的行動更穩定，即使受到某些限制。要不然人們的行動只有作為奇特的、偶然的冒險才可能，為此人們不得不像奧德修那樣離開家庭。城邦應當增加人們贏得『不朽名聲』的機會。也就是說，城邦應當增加人們突顯自己，在行動和言語中表現自

身唯一性、獨特性的機會——它最主要的目的
就是讓奇特的事件變成日常生活中經常出現
的事情。」

　　拯救行動的瞬時性是城邦的第二個功
能：「城邦的組織，物質上有城牆的保護，形
貌上有法律的保證——以免後代人把它變得
認不出來——是一種有組織的記憶。對於必死
的行動者，城邦確保了他曇花一現的存在和稍
縱即逝的偉大不會失去真實性，這種真實一般
出現在平等的觀眾面前，被他們看到、聽到。」

　　政治生活作為一種特殊的生活方式，只有
依靠行動和顯現空間的聯繫才得以實現，城邦
鞏固了這種聯繫，並力圖消除任何破壞這種聯
繫的傾向。在希臘的前哲學時代，人們在城邦
的政治生活中追求個體之不朽，城邦的建構使
得人之為人的表現——自由、行動、偉大、公
共榮耀等更為可行和經常化。在古希臘人看來
（也在鄂蘭看來），政治就是表演藝術，在
polis 這樣一個由城牆和法律明確界定的舞台
上，每個人既是觀眾，又是演員，既觀看同時

又演出，他們全神貫注於行動本身，不關心其
物質方面的好處和後果。在《人之條件》中，
鄂蘭採用了現象學的釋義學方法，力圖回到政
治現象本身，說明行動，在古希臘即為政治實
踐，是一種自身顯示的、以自身為目的的活
動。政治事件本質上是現象，它在現象空間中
發生或顯露。政治現象發生的空間離不開現象
本身，政治現象空間的產生、保持依賴於行動
和交流的人們對空間的參與，依賴於他們的行
為和言語，他們相互理解與承認。因此政治參
與的主要條件是對參與者多樣性的肯定，排斥
多樣性就意味著以單一的、所謂客觀中立的理
論指導政治活動，必然導致對人們行動能力的
扼殺和對公共領域的破壞。

　　海德格在《時間概念》中說：「過去，被
經驗為本質的歷史性過去——絕對不會消
逝。過去乃是我們總能一再向之返回的那個東
西。」對鄂蘭來說，古希臘城邦就是尼采所謂
的紀念碑式的歷史，是值得我們一再向之返回
並恢復和重建其意義的過去。自五世紀的希臘

，一種理想和記憶就始終活在人們心中：人們
共同參與公共事務，彼此把對方當成平等的人
對待，在辯論和行動的公共領域顯示自己。她
與孟德斯鳩、托克維爾、傑弗遜一樣都是公共
自由的信徒，但鄂蘭的思想更多屬於十九世紀
亞里斯多德復興的德國傳統，有人稱之爲「新
亞里斯多德主義」。鄂蘭的獨特性在於，她從
存在論上表明了實踐行爲的原初性和基礎
性，說明人能作爲政治存在而行動，是因爲他
們必須在公共領域中遭遇他人的在場。透過判
斷什麼是共同持存的東西，他們就與其他人共
享了世界，而作爲政治存在，他們判斷的對象
就是公共空間內得到顯示的言語和行動。公共
領域既是行動的前提，又是行動的結果，更是
個人存在必不可少的條件，因而，鄂蘭痛心於
公共領域的喪失，絕不是在浪漫主義中哀掉一
個沉沒的城市，一種消逝的光榮，而是在於這
個新世界所啓示的本質意義。

　　公共領域之「公共性」有何意義？首先，
事物公開地顯現，被在場的他人及我們自己看

到、聽到，事物才對我們具有可見世界的真實
感。他人的在場不僅是自我存在的條件，而且
保證了我們關於世界的真實知識。如果我們不
和其他人接觸，封閉於個人的特殊感覺而沒有
共同感覺，我們就不僅失去了對共同世界的經
驗，甚至不能相信自己的直接感覺經驗。黑格
爾對於自我與他者關係的分析，以及維根斯坦
關於私人語言不可能性的論證都說明了這一
點；第二，公共性指示了這個世界本身，這個
世界不是單純的地球或自然，不是人類活動的
有限空間或有機生命的普遍環境，而是一個人
為的世界，人類事務的世界，由交互行動的人
、事物和關係所構成，它是人生存的關係域和
意義域。鄂蘭把這個存在於我們之間，為人們
所共有世界比做一張圓桌，人們圍桌而坐，圓
桌使人們既聯繫又分離，公共世界就是介於人
們之間的這個「之間」，在此「之間」中主客
觀係才能構成。因而，在《極權主義起源》中，
鄂蘭就猶太人的命運談到，「被剝奪了在一個
共同世界的表現以及在這個共同世界中產生

作用的行動，這個個體就失去了全部意義。」
被迫失去了共同世界的人的存在，在文明當中
也被拋回到原始天性和純粹差異中，像動物屬
於某一個種群一樣屬於「人」類，這就是「猶
太人」、「雅利安人」這類稱呼所暗示的命運。

　　從黑格爾（Hegel）的《精神現象學》開
始，這樣一種觀念已經得到了發展：自我和他
者是相互構成的，沒有被預設的他人存在就沒
有自我，自我意識預設了他人的承認，在此意
義上，相互承認和需要承認是自我意識的前提
。胡塞爾和海德格所領導的現象學運動最爲堅
決地把人類主體從絕對位置中趕了出來，以海
德格所說的「此在本質上和本身就是共在」爲
中心，交互主觀性（inter-subjectivism）的認
識和一種讓他人存在的態度爲社會共存和政
治共存的理論提供了嶄新的動力。鄂蘭所闡釋
的公共領域則特別爲差異、爲多元性提供了地
盤：既然多樣性是人之條件，公共領域的實在
性就主要取決於共同世界藉以呈現自身的無
數視點和方面的同時在場，每個在場的人有不

同的位置，從而產生不同的觀點和角度，「被
他人看到和聽見的意義在於，每個人都是站在
一個不同的位置來看和聽的，這就是公共生活
的意義。」這種意義即使最豐富、最舒適的家
庭生活也無法與之相比。因爲私人生活無論怎
樣變化，也只能使一個人自己的立場以及與之
相伴隨的各種觀點或角度得到複製或延長。鄂
蘭認爲，事物的客觀性和真實性就在於它能夠
被許多人從不同的方面看到，與此同時又能保
持其同一性，即人們從絕對的多樣性中獲得同
一性。政治活動的價值更在於此，每個人都可
以獨立地表達自己的政治偏好、趣味，一種「共
通感」、客觀的判斷和規範卻在人們當中形成
和共享。因此，鄂蘭把康德（Kant）的《判斷
力批判》看作一本隱蔽的政治學著作，認爲康
德對趣味的分析提供了交流、共享判斷等概念
，這類概念在無神的時代可以用於重建政治道
德的基礎。

　　「當共同世界只從一個方面被看到，只被
允許在一個角度表現自身時，它的終結就來臨

了。」這種情況或者發生在絕對孤獨的時候，那時每個人都被囚禁個人經驗的主觀性中，彼此不能交換意見，不能形成任何共同的意見或價值，或者發生在大眾社會順從或大眾歇斯底里的情況下，那時所有人都像一個人一樣行動，每個人都在複製和傳播他鄰居的觀點。這種群體瘋狂的場面在極權主義時代就會上演。在此，鄂蘭挑戰的了那種透過對人類單一本性的認識而對政治領域實施管理的所謂人道主義政治理想，倡導一種多元主義（pluralism）政治觀，認爲政治生活的意義就在於表現個人的卓越和差異，在於相互激發產生更多的意見，公共領域是專供個人施展個性的，這是一個人證明自己真實和不可替代的價值的唯一場所。

與公共領域相對，私人領域就有下列否定性的意義：「過一種完全私人的生活首先就意味著被剝奪了對於一種真正的人的生活品質的東西，被剝奪了由於被他人看到和聽到而產生的真實性，被剝奪了和他人的一種『客觀』關係，這種關係是以一個共同物的世界爲中介

，把人們相互聯繫又相互分離而產生的，被剝
奪了贏得某種比生命更持久的東西的可能
性。」古希臘人透過對公共領域和私人領域的
截然區分來支持城邦的公共生活，城邦政治依
賴於私人領域的活動——家庭內奴隸、婦女的
生產性勞動，使一群人能從勞動中解脫出來，
有足夠的閒暇從事政治活動。可以說，古希臘
人的生活是以政治活動為中心的。

　　鄂蘭用古希臘人對私人財產（property）
和私人財富（wealth）的不同理解說明了這一
點。私人財產表示一個人在世界上擁有自己特
定的位置，是一家之主，因而能擠身於平等的
公民之列並屬於政治團體。相反，如果一個公
民失去了他在城邦的位置，也就失去了公民身
分和相應的法律保護。所以，私人財產在古代
是神聖的，它就像隔開私人領域和公共領域的
一個圍牆、一個界線，成為公民身分的保證；
私人財富不具有神聖性，一個外邦人或奴隸再
富有也不能具有由私人財產所提供的公民身
分。私人財富僅為他的主人提供了滿足生存需

要的手段，使他潛在地具備了超越生存而自由地參與公共事務的能力。由此可見，在古代，私人領域的意義在於它提供了進入公共領域的物質性條件，以向人的更高存在開放。同時，私人領域代表了公共領域黑暗的、隱藏的一面，一個完全自己的藏身之處，在非主觀的意義上是一個可以不斷向深處挖掘並展現出來的方面。鄂蘭並不打算以公共生活扼殺私人生活，她承認人們需要私人生活。完全地暴露給他人的生活是淺薄的、有所遮蔽才有所展現。但是如果不保持私人生活和公共生活的界線，把私人利益變成公眾全部注意力之所在，變成全社會公開追求的東西。私人領域和公共領域就同時被腐蝕了。「隱私」這個概念在初民社會、前現代社會是不存在的，現代社會之所以需要一個隱私概念，並不是古代社會沒有私人生活，而恰恰是由於現代社會市場的出現、傳媒的出現，以及市場和傳媒的結合所產生的那種肆無忌憚的、壓迫人的力量對私人生活的剝奪。

　　由他人在場所形成的公共領域不僅保證
了客觀世界和我們自己的現實性，而且代表了
生活世界本身的意義和關係。它不僅是人存在
的條件，而且是個性和自由的條件。鄂蘭以古
希臘的 Polis 為原型，生動地說明了公共領域
對人的意義，但是古希臘的公共領域僅僅是政
治領域，而現代人所擁有的公共領域並不僅限
於政治領域，在政治活動之外，人們還屬於各
種各樣、有形無形的社群、團體、藝術、學術、
商業等各個領域顯示自己，比起雅典公民在家
庭之外幾乎把全部精力都投身於公共事務來
說，現代人擁有了更多的自由，其私人生活和
公共生活都大大的豐富了。法國思想家貢斯當
（Benjamin Constant）在比較古代人的自由和
現代人的自由時指出，現代人生活與古代人截
然不同的兩個現象是：第一，現代人比古代人
更珍視個人獨立，任何人絕不能要求現代人作
出任何犧牲以換取政治自由；第二，現代人愈
來愈難以直接參與政治事務的討論和決策，因
而愈來愈訴諸代議制作為既保障個人對政治

的影響力，又維護個人其他生活方面的手段。
但對鄂蘭來說，現代和古代的這種不同並非證
明政治之公共領域不再重要，可以託付給少數
官員和專家了，相反，政治自由是所有其它公
共領域存在的基礎和保障，也是私人生活的基
礎和保障。因此，在概念和論述中可以以政治
領域來泛指整個公共領域，而且鄂蘭所重視的
平等對話、共同行動的公共空間在她那裡也具
有泛政治的、審美的意味。鄂蘭針對現代社會
金錢和權力統治公共生活，人們的政治參與感
普遍冷漠的傾向，強調公共領域的重要性以及
嚴格區分私人和公共有著重要的現實意義。一
方面，反對經濟和商業不加控制地擴展而腐蝕
公共領域，因為自由個體交往形成的公共領域
是自由民主秩序的前提，也是憲政的基礎，另
一方面，政治活動是一種內在目的的實踐活動
，不能僅僅還原為政治管理的職能，透過各種
管道擴大公民對公共事務的參與，政治領域就
會培養公共精神和自由精神的最好學校。

　　鄂蘭認為公共領域的衰落始於柏拉圖把理論生活和政治生活對立起來，並把思想當成工作的那種對思想的技術性解釋。現代社會則把勞動這一傳統人類生活的最低層次提升到最高層次，行動完全消失了，工作範疇也被納入到勞動範疇，無休止的經濟擴張使私人領域最終取代和吞噬了公共領域。古典秩序的顛覆意味著人的自我理解的改變，即恩斯特·榮格爾所說的，在現代社會人是勞動者。

　　勞動者代替了行動者，私人領域代替了公共領域，雖然傳統的斷裂早已發生了，但真正暴露卻是在恐怖的極權主義運動要實現一種史無前例的統治形式的時候。鄂蘭認為，極權主義無法透過政治思想的一般範疇得到理解，它的罪行也無法用傳統的道德標準來評判，這是一個破壞西方歷史延續性的事件，是西方在現代性的進展中導致和自我喪失的最可怕後果。

一、公共領域的衰落

政治在起源中揭示為在公共領域中與他人共在，對言語和行動的參與和共享。真正政治活動是「共享行動和言語者」之間的對話活動，蘇格拉底因此是真正的政治家，他以對話活動作為保存城邦公共性的基礎。他不像專門的哲學家那樣對概念、問題作出絕對的答案以昭示他人，而是在與同伴的對話當中檢查人們對美德的困惑和瓦解人們對生活的虛假自信，在他那裡，思想和行為是統一的，他不打算把他的思想用於指導行為，或為行動確立理論標準，他在思想和行為之間自如地往返，就像我們在日常生活中不停地往返於經驗和對經驗的反思一樣。在《精神的生活》中，鄂蘭說：「蘇格拉底所做的事情的意義在其活動本身。換句話說，思考和充分地活著是一樣的，這意味著思考必須不斷重新開始，它是伴隨生活的活動；關注語言本身提供給我們的概念如

正義、幸福，這些概念表明了發生在生活中事情的意義，因此只要我們活著，思想就會產生。」思想不會因為它產生某些效果或被運用而成為活動，思想只要思想就行為者，因為它關係著人與存在的關係。「知識」必須在本真的涵義上被理解為一種指向生活和行為的認知，這就是蘇格拉底的名言「美德即知識」的涵義，因而他相信人不可能有意為惡。

隨著希臘城邦的衰落，人們對於政治生活的意義發生了深刻的懷疑，開始產生了退出公共生活追求私人幸福的想法，或退出塵世建立隱居生活的意願，伊壁鳩魯學派或斯多葛主義就代表了這一類思潮。柏拉圖表達了對人類公共生活的厭棄。他堅決地把無言無行的靜觀哲學家生活與行動的政治生活對立起來。鄂蘭認為，企圖擺脫人類事務的複雜狀態而進入寧靜有序的孤獨狀態，實際上表明自柏拉圖以來的大部分政治哲學都是為完全逃避政治而尋找理論基礎和實際方式的不同嘗試，柏拉圖的思想代表了政治生活被遺忘的開端。

在《理想國》的洞穴寓言中，柏拉圖把屬
於一個人們共同生活的人類事務領域，描繪成
黑暗、混亂和虛假的，第一次轉向發生在那些
嚮往著真實存在，渴望澄澈天空中永恆之理念
世界的人身上。對他們而言，哲學就是要人們
斷然砸碎感性的鐐銬，用靈魂的眼睛注視事物
內在的理念本質。哲學家的思辨遠離人群和現
象界的紛繁、脆弱，追求孤獨、自足的沉思，
鄙視任何模糊性和不確定性而設想一種絕對
明晰、完滿的新秩序。

第二次的轉向同樣具有決定意義，注視到
了永恆理念的洞穴居民必定要返回洞穴中，用
他們觀看到的真實指導人類生活，他們將擔當
起哲學王的角色。柏拉圖在《理想國》中說：
「只有當你們能為你們未來的統治者找到一
種比統治國家更善的生活時，你才可能有一個
管理好的國家。」

知和行分裂為擁有知識的人是統治者，而
行動只是執行統治者的命令。在古希臘語中，
「行動」就意味著「開始」，意味著創新和自

由。而柏拉圖在《政治家》中，明確地把「開始」等同於「統治」、「行動」等同於「被統治」，知和行的分離演繹出統治的合理性。人類常常對行動的多樣性、結果的偶然性、不可預見等感到絕望，因此政治思想上一直存在著取消人民行動的權利，用專制統治代替公共參與的強烈傾向。

哲學王的統治以製造、生產（poiesis）代替實踐（praxis），他像工匠使用標準的尺度一樣把理性應用於政治，「製造」自己的城邦如同雕塑家製作塑像，表現在荷馬史詩和希臘悲劇中的命運的偶然性、不可捉摸性對理想國來說是危險的和不可接受的。亞氏把公民德性理解為各種極端之間的平衡，標準不可能一勞永逸而要根據特定情況而定，這種實踐智慧就是他所推崇的「明智」（phronesis）。而柏拉圖認為政治絕不可能依靠多數人的意見，希望公民具有實踐智慧完全是幻想，公民的善就在於每個人都忠實地完成他和他的地位所要求於他的任務，典型的國家就是相互需要和勞動分工

的體系，理想的城邦就是一個組織良好的大車
輛，符合各盡其職的原則。工匠除了從事本行
之外，根本沒有擔任公職的才能，他們把參與
公共事務的權利交給少數專家。昔日雅典的城
邦會議和議事會自由交換意見的風暴已徹底
消失，雅典民主視爲人之爲之的最高表現的這
一方面必須從公眾中徹底消除。

　　知與行的分離、政治實踐的功能簡化到統
治與被統治兩部分，以及對公民實踐智慧的取
消，柏拉圖政治哲學的這三個主題也成爲後代
政治哲學的重要方面。另外，以製造活動代替
行動，把人類相互關係簡化到人造物的範圍，
內在於製造活動的手段和目的範疇也進入了
政治，政治不再是自足的，以其自身爲目的的
活動，而被貶低爲達到某種更高目的的手段，
這種認識和政治哲學的傳統一樣古老，在古老
它是保護好人免受暴君統治特別是保護哲學
家安全的手段，中世紀保護靈魂得救，現代則
保護社會的生產和發展。最後，製造活動的實
現需要對自然的暴力剝奪和改造，在把行動解

釋成製造時，暴力也在政治結構和政治思想中
取得了重要地位，暴力成了實現政治目的的手
段並以其目的證明暴力工具的合理。鄂蘭在
《論暴力》的一文中區分了暴力和權力，認為
在討論政治權力時，人們慣於以手段為目的的
範疇，根據強制和服從來理解權力，把權力等
同於強力和暴力。她評論道，韋伯的權力概念
就是以目的論為基礎，所謂權力指擁有左右別
人意志手段的支配權。她理解的權力不是工具
性的。而是在人們的相互交往中，基於共同價
值信念的一致行動能力。權力產生於相互理解
的交往行為，只有在言語與行動不相分離，言
語不是用於掩飾意圖而是用於揭示現實，行不
是用於侵略和破壞而是用於建立關係和創造
新的現實的地方，權力才真正實現，這樣的權
力及其結構形式也保護著公共領域和顯現空
間。只有在人們自由地共同行動，彼此之間平
心靜氣地討論之後作出一致的決定的地方，才
能發現真正的權力。「有權力」意味著被他人
授予權力，這只是在一種政府形式下才能實

現。鄂蘭的理想政治實質上是多元主義的：它
依靠多個參與者共同達成的主張，同時，所有
人都要受到這些主張的影響。每個人的自由都
依賴於其他人的自由，因爲沒有他人自由地給
予的贊許，就沒有任何行爲值得做，也沒有人
類的差異性，沒有值得留存的記憶。哈伯瑪斯
十分讚賞鄂蘭的權力概念，認爲無論把權力當
成達到某些實際目的的手段，還是當成以其自
身爲目的，這種他稱之爲交往權力的概念都是
很有意義的。首先，他認爲，政黨或其他團體
的有效運作需要在其成員之間達到一致和充
分的同意；其次，哈伯瑪斯作爲西方馬克思主
義者，他相信一旦人們獲得一定程度的物質平
等，對他們來說更重要的就是生活在鄂蘭所希
望的平等參與的公共世界裡，反對任何群體或
個人對自由的剝奪只有在言語和行動不相分
離，言語不是用於掩飾意圖而是用於揭示現
實，行動不是用於侵略和破壞而是用於建立關
係和創造新的現實的地方，權力才真正實現，
這樣的權力及其結構形式也保護著公共領域

政治意志，取消了權力的真正來源。有充分的
理由證明柏拉圖的理想國包括專制和暴力的
因素，在盧梭和霍布斯的政治國家中也一樣，
不管這單一的目標是最高的善、道德還是生
存。

二、近現代社會勞動地位的提升

　　在〈傳統與現代〉一文中，鄂蘭說：「我
們的政治思想傳統起始於柏拉圖的發現——
即對人類公共生活的厭棄在某種程度上是與
哲學體驗與生俱來的；這個傳統也終結於這種
哲學體驗的蕩然無存，剩下的只是將思想剝離
於現實，將行動剝離於意識的思與行的對立，
這種對立使二者都喪失了意義。」隨著城邦的
衰敗，哲學家把思辨生活（vita contemplativa）
置於積極生活（vita activa）之上，主張理論
與實踐的分離，理論高於實際。知識對他們而
言不再指向開放性的對話和對生活本身的思
考，認為知識超越變易，屬於本質的範圍而非

變化生成的範圍，政治從對公民合理生活的探
討轉向實用技術統治的研究。起源的力量從此
在政治哲學中喪失，人類本身關閉了希臘經
驗。笛卡兒（René Descartes）開創的近代理
性觀念，進一步導致了西方形而上學以理性認
識論爲中心，而不是以生活實踐爲中心。但柏
拉圖的理念論和近代的理性中心主義還有些
明顯的區別，主要是前者以永恆不變的理念爲
理性追求的目標，引起哲學家沉思的是對宇宙
本性的驚奇敬畏之感，它以純粹的靜觀爲特
點，理性中心主義不僅建立了理性認識確定性
的絕對優先地位，理性不僅是人的本質，而且
也是世界萬物的主宰，要求去控制、利用和占
有對象客體。鄂蘭對〈傳統與現代〉一文中寫
道：「自從在笛卡兒哲學中表現出懷疑和不信
任之精神的現代科學的誕生，傳統觀念已不可
信了。思與行的二元對立，規定真理最終只能
在無言和無行的靜觀中才能被認知的傳統價
值等級，在科學成了具有所知而進行的一種積
極主動的行動的狀況下無法維持下去。……

『理論』概念的內涵發生了變化，它不再意味著與真理相關的理性體系。後者原是把真理看作是被賦予人的理性和感覺的，而不是懂得創造。理論成爲了現代科學理論，成爲一種工作假設，它根據它所產生的效果而變化，它的有效性不是建立在它『顯現』出來的東西上面，而是建立在是否『有用』的判斷上面。」隨著近代科學的大踏步前進，人們對世界的神秘感日益消除，歷史科學和哲學不再問「什麼」和「爲什麼」的問題，因爲人們堅信他們唯一能知道的東西就是他們自己製造的東西。對於他們不能親自製造的東西則可以透過猜測和模仿其形成過程大致瞭解它。正如康德所說：「給我材料我就能製造一個世界，也就是說，給我材料我就能向你顯示世界是怎樣產生出來的。」

　　以製造活動取代行動，以工具理性取代實踐理性，將公共領域的理性化過程等同於生產領域的理性化過程，從古典政治學向近代政治學的過渡是一個理論範型的轉換，即從實踐理

論轉向認識理論。海德格認為，近代科學是對
事物的事物性的一種典型的形而上學謀劃，即
存在者作為對象被帶到人面前。存在者被擺置
到人的決定和支配領域之中，並唯有這樣才存
在著。近代的真正特徵在於存在純粹是作為被
對象化的東西，作為被設置性而存在，因此，
世界變成圖像和人成為主體實際上是同一事
件，這個事件標誌著近代之本質。與海德格類
似，鄂蘭把近代的本質稱為世界異化和人返回
到內心。人只能認識他自己提出或製造的對象
，僅就存在者被具有表象和製造能力的人設置
而言存在者才是存在的。實驗科學的發展陷入
這樣一個惡的循環：實驗的方法在其實驗裝置
和實施過程中受已經獲得肯定的規律的支持
和指導，科學家們制定假設來安排他們的實驗
，然後用這些實驗證實他們的假設，在整個過
程中他們顯然是在和虛構的自然打交道，從而
得出證實或拒斥規律的事實。當技術證明了現
代科學最抽象觀念的真理性時，它證明的不過
是人能夠運用自己心靈的產物。在科學把人們

的許多夢想變成現實，生產和製造能力增強到
以前根本不敢想像的地步，甚至能製造出一個
世界的時候，它卻最爲強大地把人囚禁到內心
的牢獄，囚禁到他們自己畫地爲牢的存在模式
之中。近代主體主義形而上學在笛卡兒哲學
（Cartesian philosophy）中找到了它的歸宿，
我思是一切眞理不可動搖的基礎，因此也成爲
一切確信的主體。人成了一切存在東西的存在
方式和眞理的基礎，世界成了以主體自己意欲
的方式任意支配和征服的東西。近代科學的形
而上學形式也使得集權主義在近代達到了它
的極端形式，因爲集權主義不過是在整體狀態
中的主體性和人的主觀性無條件的自我主
張。在主觀和客觀分裂，實踐理性還原爲工具
理性之後，人們的生活不是受制於私人生存就
是陷入公共專政，自由主義和極權主義不過是
一個硬幣的兩面。

　　世界異化和個人返回到內心尋找確定性
的根據在霍布斯（Hobbes）的政治哲學中表
現的最爲顯著。我們只能理解自己製造的東西

表現為新的政治哲學試圖發明手段和工具用
於製造一個稱為共和國或國家的人造體,利維
坦就是這樣一個巨型的設計,即人為契約的產
物。他和笛卡兒一樣藉助內省的方法尋求人一
般行為的原理,把個人心理學運用到政治學當
中,發現了構成和指導利維坦的規律不在自身
之外,不是人們在真實世界共同擁有的東西,
而是內心的激情本身。支配一切行為的心理原
則是自我保護,而自我保護就是個體的生物存
在之延續。他對政治的選擇是徹頭徹尾功利主
義的,人身安全和生活舒適的要求是證明政府
合法或政府存在的唯一根據。霍布斯的政治哲
學觸及到了現代大眾社會的核心:人被貶低為
生存的動物,僅僅追求在勞動過程中減少痛苦
和追求舒適。

　　從製造者變為勞動者,現代社會的這個轉
變要比從實踐生活到理論生活的一般轉變,以
及行動者到製造者的特殊轉變容易得多。發端
於十七世紀自然科學的對象化觀念,隨著十八
世紀政治革命和十九世紀工業革命對勞動者

的解放和生產力的解放，把勞動這種傳統中最
受人輕視的一種人類活動提升到人類活動的
最高等級，當一切東西都是可以生產的，而一
切產品又是用於下一輪生產的手段和工具
時，人的本質和事物的本質都消解爲它們可計
算的市場價值，人和物都溶於勞動過程和資本
的積累過程，融於生產和消費的巨大循環。物
的最大消費者就是生命本身，即個體的生命和
社會作爲整體的生命。生命不關心物的事物性
和持存性，堅持認爲每個東西必須是功能性，
用於滿足某些需要。因此，一個消費者的社會
不可能知道如何照料世界和只屬於顯現空間
的事物，它對所有東西的主要態度是消費態
度，意味著毀滅它所碰到的一切東西。鄂蘭的
「大眾」（mass）概念就是根據其消費能力來
定義的，大眾還具有與世界疏離、無判斷能
力，甚至不能分辨善惡等特徵。

　　市民社會的興起打破了私人領域和公共
領域的界線，迅速地把一切共同體都變成了勞
動者和固定職業者的社會。「社會是這樣一種

意識型態：只有爲生存的目的建立起來的相互依賴關係才具有公共的意義，一切與純粹生存相關的活動都被允許公開出現。」社會的每個成員都立刻爲維持生命所必須的活動被組織到一起，從而創造出巨大的生產力。正如馬克思所說的，過去哪一個世紀能夠料想到有如此巨大的生產力潛伏在社會勞動裡呢？社會的出現賦予私人生存以公共性，而且它就是按照這一目的組織起來的，但它並不能改變私人生存的否定性質，因爲勞動和行動的對立對人的意義乃是根本性的。

古希臘人把勞動歸入家務這樣一個完全私人的領域，由奴隸擔任，以便自由人從生存的必需性活動中擺脫出來而自由地參與城邦事務。實際上，古代的奴隸制並非出於廉價勞動和利益剝削的目的，毋寧是試圖把勞動排除到人的生活之外。這種對勞動根深蒂固的輕蔑源於古希臘人努力擺脫本能活動、追求自由和不朽的強烈渴望。勞動和行動的對立意味著自由和必然的對立，生命冒險和生命保存的對立

；公共幸福和私人滿足的對立；由言說昭示並
保存在他人記憶中的活動與無言的、留不下任
何痕跡的活動之對立。勞動和行動的對立在現
代社會卻表現爲一種絕然顛倒的方式：即勞動
的社會化和勞動地位的上升。洛克首先把勞動
看作私有財產的證明，進而亞當‧斯密（Adam
Smith）把它看作國民財富的源泉，後來馬克
思把它看作人的自由創造的表現、一切價值乃
至人類文明的基礎，勞動由此一步步獲得了絕
對的重要性。但是勞動因此就是崇高的嗎？

　　不，因爲勞動不僅是痛苦的、不自由的，
而且是私人化、無世界性的。勞動的痛苦和不
自由屬於人類生存本身。雖然近代以來工具和
機器的發明減輕了勞動的痛苦，這確實意味著
非暴力方面的進步，但並不意味著自由方面的
進步，因爲沒有一種奴役比得上受生存必需性
所驅迫的自然強力，勞動的社會化沒有造成這
一活動與其它活動的平等，而是造成了它無可
爭辯的統治。它第一次置人類全體於生存之軛
下，讓所有與謀生無關的活動都成了娛樂。勞

動的私人性和無世界性在於勞動者不和世
界、他人在一起而單獨面對生存必需性的事
實。當然現代大生產中勞動者必須和他人在一
起，但這種「在一起」不是真正多樣性的標誌，
而是單純種群繁衍的特徵。它產生的不是公共
領域內有差異的個體之平等，而是瀰漫於生產
──消費社會中的單面性和原子化。正像一首
詩所寫的：「自己在人群中消失的日子，人變
得彼此相似，自己在人群中消失的日子，人還
在繼續相信未來。」日益發展的消費社會把一
切都捲入生產和消費的巨大循環：工作的產品
變成消費品，不再具有保存世界持有性的特徵
；行動轉變爲生產無限擴張的手段，因此也不
需要人與人之間的平等的對話，靠沉默的暴力
更易達到目的。勞動的解放實際上變成勞動占
有絕對支配的地位，變成政治領域的公開展現
和真正公共領域的萎縮。鄂蘭認爲，如果工作
是非政治的，勞動就是反政治的，現代性的困
境──公共領域的衰落和人的異化──在當
前的勞動社會達到空前的程度。

　　鄂蘭從勞動和行動、私人領域和公共領域
的基本區分出發，進而區別了「社會性」和「政
治性」的概念。社會性在古希臘代表滿足需求
的活動，屬於家務勞動的範圍（亞氏的經濟學
是家務活動的學問），從事勞動的奴隸不是公
民，因而不是完全意義上的人，但他們的勞動
是公民成爲政治的，即成爲完全意義上的人前
提條件（古代落後的生產力水準必須以家務中
的不平等來保證自由人在城邦政治裡享有平
等）。這種區分是有意義的，因爲政治的來往
把我們帶向世界和與我們共同擁有世界的他
人，而在社會性的來往中我們僅僅表現自己的
慾望。近代勞動分工和技術發明的「進步」，
卻導致了私人經濟成爲全社會最爲關心的問
題。政治不再是獨立自主的領域，不再是以行
動揭示人之爲人的場所，反而蛻變爲解決社會
問題的手段和保護私人領域不受侵犯的必要
之邪惡，只具有最低限度的約束作用。鄂蘭認
爲，「國民經濟學」、「政治經濟學」這兩個術
語顯明地表現了經濟活動已成爲政治的中

心，只不過在把握時代特徵上後者更「科學」
一些。亞氏早已告訴我們，城邦存在的目的是
追求「優良的生活」，如果僅僅為了生活的自
給自足，城邦之外的其它社會團體更易於達到
這個目的。對於追求生活品質的提升，給予人
之為人極高標準的古希臘人來說，近代以「需
要體系」、「利益集團」為模式的國家觀念不僅
是不可思議的，而且是可鄙的。

　　當然，鄂蘭也同意社會問題不是與政治毫
無關係，她認為，「自由只會降臨到需求已得
到滿足的人身上，同樣自由會逃避只為慾望生
存的人。」問題在於，侷限於私人領域不可能
有自由，因為自由作為一種內在能力，與開始
行動的能力一致。公共領域是人們相互對話、
辯論、參與行動和達成共識的政治共同體，既
是個體自我和世界真實性的保障，也是政治行
動從而自由可能的條件。古希臘城邦、古羅馬
共和國和近代的民族國家都提供了共同世界
和文明的基礎。資本主義的經濟擴張導致私人
領域取代和吞噬了公共領域，大眾社會就是私

人領域極端社會化的產物，就是人類不知公共
領域爲何而群體從事家務勞動的產物，在其中
人類的平庸、單面和無批判性達到了空間的程
度。

　　《人之條件》一書出版後引起巨大迴響，
一個哲學家能從現時代的狀況出發做關於起
源的思考，並以一種優美有力的風格表達出來
，這在當代也是十分少見的。誠如普林斯頓大
學政治學教授沃林（Sheldon Wolin）所說，在
此之前，政治理論僅僅是政治或理論觀念史的
一個特殊分支，《人之條件》的出現，是「是
給試圖重新建構與當代世界相關政治觀念的
人，在 1958 年的一個贈禮……它給世界帶來
新的東西。」另外，它本身就是一個荷馬和修
西底德式的文學作品，描繪了一個自由人的世
界，這也是它的贈體，沃林說：「她對於政治
自由的渴望誘惑和責備著我們。」

　　爲什麼鄂蘭對於「人之條件」的描繪具有
非凡的吸引力？從它所引起的批評中我們也
許可以回答這個問題。一個經常而有力的批評

是針對其精英主義的，在她對無論古代還是現代的勞動的看法中，都表現出對「非政治的大眾」毫無感情的蔑視，和對他們利益的冷漠。不平等和壓迫並沒有從當今的社會中消失，可是鄂蘭似乎對此無動於衷。

但在鄂蘭看來，至少在西方社會，現代技術的高度發展已保證了物質商品的大量生產，她對勞動的蔑視毋寧說是對勞動的異化狀態的蔑視。在《人之條件》中她也認為沒有人樂意一天到晚生活在「行動」領域中，但是許多人被剝奪了參與這個領域的機會，他們一天天毫無反抗地做一個工作人，一個只關心繁榮的社會規定著他們的生存。她也曾痛苦地寫到戰前的失業為納粹主義提供了機會，實際上，對於人需要工作這一點她有現實的瞭解，但她認為現代世界裡「社會」或「私人」需求壓倒一切的統治是所有人的不幸。與其說她蔑視「非政治的大眾」，不如說她蔑視這個詞所表達的觀念。

另一種批評意見認為鄂蘭在《人之條件》

中所讚美的自由是一個曖昧的概念。古希臘人
參與集會要討論的是什麼問題？他們要實現
的是什麼樣的自由？鄂蘭避免回答，她實際上
並不關心答案。自由的觀念本身激勵著她，而
不是其任何特定的目的。政治活動是以自身為
目的的活動，她甚至把制定和實施法律這類行
政事務都排除到她所讚美的政治行動之外，可
是，在現代的民主體制中如何實現這種自由？
即使能實現，它將會是一個我們願意生活在其
中的世界嗎？這些問題鄂蘭幾乎很少回答。

三、極權主義的起源

　　新千年的 1 月 27 日上午，柏林的國會大
廈內響起了著名樂手吉奧爾達·菲爾德曼用黑
管演奏淒婉、哀怨的音樂。六百多名聯邦議員
們靜靜地坐在圓形的大廳內，沒有辯論和爭吵
，有的只是對歷史的沉思。德國當代政治家們
以這種特殊方式迎接第四個「納粹受害者紀念
日」，紀念被納粹屠殺的六百萬猶太人。掌聲

中，納粹集中營倖存者、獲諾貝爾和平獎者、七十一歲的猶太籍作家魏瑟爾走到大廳中央的講台前，講述猶太人在那個黑暗的年代裡所經歷的折磨、苦難和死亡，他激動地說：「忘掉歷史無異於對歷史的受害者進行第二次屠殺！」在人們的心靈和死難者一起哭泣的時候，人們常常會問：「為什麼猶太人單單被挑選出來作為極權主義發動的藉口和犧牲品？為什麼極權主義這一虛構的意識形態能發展成為大規模的群眾運動？鄂蘭關於行動和公共領域的概念也為她分析極權主義的起源提供了理論基礎和概念工具。」

在《極權主義起源》中，鄂蘭分析了猶太人——這一沒有政治共同體而漂泊無根的民族——與現代民族國家的關係。生活在異國他鄉，猶太人努力使自己同化，但他們一直不被允許進入除了商業以外的其它領域，因而商業是他們唯一的同化方式。在民族國家發展的早期，由於國際間金融借貸的需求，大量猶太人以金融掮客的身分在各國政府間發揮影響

力，地位迅速上升。但作爲整體，猶太人從未培養起政治意識與參與政治事務的能力，形成對政治現實漠不關心和被動反應的習慣。他們不是成爲新貴，就是成爲賤民，實際上始終處在政治社會之外。隨著民族國家的衰落和帝國主義的擴張，猶太人失去了商業上的影響力，分化成一群有錢而無權的個人。擁有財富而無政治行動能力，這是他們在資本主義危機時期成爲仇恨對象的主要原因。同時，在長期隔離於共同世界的狀態下，猶太人開始把各民族之間的差異思考爲自然天性和種族根源的差異，強化了上帝特選的意識。這種自我解釋造成了一種更加複雜的隔離狀態，產生出反猶主義的必要條件。實際上，反猶分子關於種族差異的宣傳與猶太人自身歷史著作的解釋並無不同。因而，二十世紀的政治危機將猶太人驅趕到各種政治風暴的中心並非偶然，猶太人由於自顧隔離於公共世界和缺乏政治行動能力，對自己的命運負有不可推卸的責任。鄂蘭的分析激起了她同胞的憤怒，同時也引起他們

農民和失業工人等。帝國主義時代，資本和暴
民結合起來向海外殖民地擴張，國家充當了擴
張運動的保護人，結果一方面破壞了有一定疆
域和憲政結構的現代「民族國家」，摧毀了人
權和法治的政治傳統，從而一切驅逐、殺戮都
成了可能的；另一方面毀掉了國家間的道義與
和平，造成強權即公理、經濟利益至上的觀
念。「在帝國主義時代，商人成了政治人，並
被承認為政治家；而政治家只有在使用成功的
商人語言和『從全世界角度來思考』時，才會
受到認真注意；這時，私人的實踐和手段才逐
漸轉變成為執行公共事務的規則和原則。」

　　極權主義的充分展開還有賴於階級社會
崩潰後出現的大眾，資本主義無休止的擴張剝
奪離格人用於生活需要和確定身分的私產，並
把私產轉化為無限流動的資產，造成了無階級
無組織的大眾。大眾和暴民不同，暴民還多少
分享了資產階級的政治態度和價值標準，雖然
以一種扭曲的方式。而大眾是完全失去了一切
階級聯繫，純粹由原子化的個人組成的集合。

當代勞動的社會化產生了一大群自感孤獨、多餘，並跟生活世界日漸疏離的大眾。他們缺少正常交往、不關心政治、拼命追求物質滿足，成為受消費社會嚴密組織的機器。因為失去了令生活有意義的共同世界，他們既不能反思事物，也不能反思自身，全無經驗能力和思考能力。孤獨、恐懼、絕望、無力，亦即根本沒有行動能力，正是極權主義賴以形成的群眾心理基礎。極權主義自稱為解答人類歷史意義的意識形態和它「退回到部落社會的運動」（波普語），最終能吸引大眾，使他們得到一種追求有意義目標的歸屬感和最低限度的尊嚴。

鄂蘭認為，經濟利益至上的意識形態對於極權主義的發生起了決定作用。她和麥金太爾一樣認為，近代生活的顯著特徵是生產走出家庭，為非人格的資本服務，政治充當保護經濟的手段。這種變化既破壞了平等自治的政治傳統、破壞了政治之公共領域，又造成了個人行動能力和自由的喪失。已開發工業社會的政治經濟全球化，靠的就是不斷增長的技術生產力

和不斷擴大的對自由的剝奪。霍克海默指出：
「政治不僅成了一種生意，而且生意已經全盤
成爲政治。」可是我們知道，政治蛻變爲經濟
利益的工具是近代才發生的事，在西方最早的
政治生活——城邦生活中，情形完全相反：那
裡經濟活動被嚴格限制在家務勞動的私人領
域，以保證在城邦之公共領域中，公民能平等
對話，共同參與政治事務，在行動中實現自由
。自詡爲以古希臘文明爲源頭的西方文明在近
代深刻背離了它的起源，突出表現就是：私人
領域的地位日益上升，取代和吞噬了公共領
域。公共領域的喪失對人的戕害在極權主義中
暴露得最爲徹底，所有的人都變成了「一個
人」，所有的行動都旨在加速虛構的自然或歷
史運動。其中無論統治者還是被統治者都不是
自由的，前者一方面相信人無所不能、無比狂
妄，一方面自認爲是執行歷史或自然法則的工
具，後者生命中的主要經驗是無力感和絕對順
從，所有人都喪失了政治責任的判斷和承擔。
在引起爭議的《艾希曼在耶路撒冷》一書中，

鄂蘭使人們不得不正視一個可怕的事實：艾希曼不只是「欠下五百萬條人命」的殺人魔，不只是一個官僚機器的體制化產物，更在於他是個毫無思想力和判斷力的普通人。

在《極權主義起源》第一版的序言中，鄂蘭說：「西方歷史的激流終於浮上水面，取代傳統的尊嚴。」她以鞭闢入裡的分析表明，奧斯維辛的苦難不是一段與現代人無關的苦難，極權主義不是一個殺人惡魔偶然發明的政體，而是西方社會在現代性的進展中潛伏的惡流終於浮上水面的結果。她警告人們，如果不根本診治現代性的痼疾，極權主義就仍可能以一種強烈誘惑人的方式，以解救種種悲苦的姿態出現。

《極權主義起源》主要有三方面的目標：一是說明為什麼猶太人單單被挑選出來作為納粹大屠殺的對象？二是解釋極權主義產生的起源；三是說明極權主義發展的邏輯。雖然極權主義的概念在三〇年代已經出現，但鄂蘭把它表達成了一個完備的概念，並用來特指二

十世紀當中希特勒和納粹的統治。鄂蘭試圖在
政治學的傳統中對極權主義產生的條件獲得
理解，但人們也注意到她對起源的解釋原則和
她的現象的分析性描述並不總是一致的，特別
是她對極權主義的分析更多建立在對納粹主
義的理解之上，因而並不適合對斯大林統治的
說明，這一點鄂蘭自己也承認。

一、美國的問題

　　鄂蘭 1941 年和布呂歇爾從巴黎逃到紐約，從那以後美國就成了她的第二個故鄉。到美國時，和所有的流亡者一樣，他們的生活十分艱辛，她一邊為全家人的生計奔波，一邊堅持寫作。在為猶太人被納粹蹂躪的悲慘命運和他們在戰後的生命權利日夜焦慮的歲月裡，她也越來越多地融入美國社會，並能以一個來自歐洲的知識分子的眼光思考美國的各種社會政治問題。美國人強烈的公民責任感和他們對自由民主權利重視也給她很大震撼。

　　記得她初來美國的時候，流亡組織安排她到麻薩諸塞州（Massachusetts）一個美國人家庭生活了兩個月，給她留下深刻印象的是，日本偷襲珍珠港後，出生在日本的美國人被扣留，她的房東立刻寫信給國會表示抗議。

　　1957 年美國軍隊開進阿肯色州（Arkansas）的首府——小岩城（Little Rock），執行讓黑

人學生和白人學生同校、取消種族隔離的計
畫,這項聯邦法律遭到該州州長福布斯的極力
阻撓,白人種族主義者也糾集起來,襲擊黑人
學生,全國其它許多地方也發生了襲擊黑人的
暴亂事件。

　　事後,鄂蘭發表〈關於小岩城的思考〉一
文,她沒有像慣常認為的那樣指責白人種族主
義者,為黑人平等的受教育權利呼籲,而是集
中在黑人以何種方式爭取自己的權利上。她反
對任何以暴力方式迫使黑人融入白人團體的
企圖,無論這樣做的是政府還是黑人自身。首
先,她認為這種方式剝奪了黑人的尊嚴,使他
們扮演起有意識同化的「新貴」的角色。如果
人們想生活在不同的社區或上不同的學校,這
是他們自己的事,不應當受到國家機器的干涉
。《生活》雜誌上刊登的一張照片尤其令她難
過,照片上一個黑人小女孩由學校的老師護送
回家,一群白人孩子朝她扔石頭。她覺得這種
遭遇對孩子的自信和驕傲的打擊很難恢復,也
許她想起了自己童年時因為猶太身分而帶來

的不愉快記憶。其次，種族歧視在短時間內是
無法消除的，這是一個不可迴避的事實。她認
爲應當建立正當的平等權利，並以政治手段爲
之鬥爭。人們應努力把這種鬥爭限制在法律範
圍內，消除種族歧視的空洞口號，只能進一步
擴大種族歧視，她也批評了白人和黑人可以通
婚的法令，在她看來，這種法律本身就意味著
對黑人的歧視。總之，她始終堅持不同性別、
種族、民族的人們應在其差異性上受到平等的
尊重，堅持不同民族應以自己的方式處理內部
事務，美國有著不同民族、不同地區的多樣性
，這正是美國強大力量的源泉，抵制大眾順從
的屏障。

　　面對各種利益、權利衝突，鄂蘭總是從人
類歷史的長遠角度、從保持人類多樣性的角度
考慮問題，要作到這一點是非常不容易的。鄂
蘭注定是個始終活在爭議中的人物，就像她在
《黑暗時代中的人》評價的布萊克特（Bertolt
Brecht）一樣：「一個必定會說出別人不敢說
的話，在所有都沉默的時候絕不沉默的人。」

但正因爲這一點，她的思想才不會隨著事過境
遷而過時，反倒愈來愈顯出獨特的光輝。

　　在〈傳統與現代〉一文中，鄂蘭對西方的
政治思想傳統做了深刻的反思。她說：「我們
的政治思想有一個明確的開端和一個同樣明
確的結尾，前者是柏拉圖和亞里斯多德的學
說，後者爲卡爾・馬克思的理論。在《理想國》
的洞穴寓言中，柏拉圖把屬於人們共同生活的
公共世界的人類事務領域，描繪成黑暗、混亂
和虛假的，對於那些嚮往著真正存在、渴望澄
澈天空的永恆之理念的人而言，這是一個必然
會遭到厭棄的世界。開端就在柏拉圖的寓言當
中現身了。這個傳統終結於馬克思的如下宣
告：哲學及哲學的真理並不存在於人類事務及
其共同世界之外，而恰是置身其中。只有在被
他稱之爲『社會』的共同生活的領域中，透過
『社會化的人』（vergesellschaftete menschen）
的生成，哲學才能夠『實現』。」柏拉圖所開
創的理念世界和現象世界的二元對立成了西
方兩千年的思想範型，政治思想始於哲學家首

先能遠離政治和現實，在獲得超越的真理之後
又返回政治領域，以便把他們的準則強加於人
類事務。馬克思的哲學是對傳統的思想與行
為、沉思與勞動、哲學與政治之價值等級的顛
覆，但在馬克思所預言的理想社會中，國家將
會消亡，勞動生產力會有極大提高、勞動在某
種形式上將會被廢除，保證每個社會成員擁有
充足的閒暇時間。這些預言又再現了雅典城邦
的政治和社會狀況，也是柏拉圖和亞里斯多德
思想在經驗中的模型，是我們傳統建立其上的
基礎，按照一般的國家形式（君主制、貴族制
或民主制等），雅典就不是一個國家，我們把
這種獨特的政治形式稱之為 Polis。雅典公民
只有在閒暇時，也只有從勞動中解放時，才被
認為是真正的公民。雖然他們的勞動生產力不
高，需要奴隸階層來保證公民有足夠的閒暇。

　　鄂蘭認為，馬克思對政治思想傳統做了有
意識的反叛，最重要的論述有三方面：勞動創
造人；暴力是歷史的催生婆；和著名的費爾巴
哈提綱中的最後一條：「哲學家們只是用不同

的方式解釋世界，而問題在於改變世界。」每
一個論述都與傳統所認可的真理對立。

　　首先，勞動創造人，意味著使人區分於動
物的標誌，不是理性，而是勞動，人不是有理
性的動物，而是勞動的動物；而且，這句話把
傳統最輕視的一種人類活動——勞動，提升到
創造人發展人的崇高地位。

　　其次，暴力是歷史的催生婆，意味著對暴
力手段的運用，是推動歷史發展的力量，國家
的是統治階級實現其目的的暴力工具，馬克思
用暴力來定義政治行為，暗示著對傳統政治思
想的另一種根本挑戰。亞里斯多德對人的雙重
規定——作為城邦的動物和作為邏各斯的動
物亦即人是在言說活動中和在城邦生活中實
現其最高的可能性，這被設想為區分希臘人和
野蠻人、自由人和奴隸的標誌。這裡的差別在
於，希臘人共同生活在城邦中，他們以言說的
方式，即說服，而不是無言的暴力來指導他們
共同事務，政治權力建立在平等的共同參與的
基礎上。野蠻人用暴力統治和奴隸被強迫勞

動，在無需採用言說這一點上，暴力和勞動並無不同。這也就是鄂蘭一直強調的暴力和權力的區別。

第三，以往的哲學家只是用不同的方式解釋世界，從柏拉圖到黑格爾的哲學在本質上都不屬於這個世界，密涅瓦的貓頭鷹要到黃昏時才會起飛。馬克思的理論表明了只是少數人的哲學將會成為每一個人的常識，哲學思想到了馬克思這裡才第一次成為巨大的社會變革力量。

鄂蘭指出，馬克思以上三個論斷是用傳統術語建構起來的，但都突破了傳統，但實際上每一個論點都包含一個自身無法解決的基本矛盾，如果說勞動是人的一切活動中最人性和最具創造性的，那麼在革命之後的「自由王國」裡，勞動被廢除了，人類活動成功地擺脫後勞動之後，將會發生什麼，還有怎樣的一種創造性活動和人的本質留存下來？如果說暴力是歷史的助產士，那麼，階級鬥爭結束後，國家消亡了，無暴力社會實現了，歷史就終結了？

人又如何以一種有意義的、真正的方式活動？
最後，在未來社會，哲學既已實現自身又消滅
自身，剩下的將是怎樣的一種思想？

　　鄂蘭從來沒有低估馬克思的偉大，她說：
「這種根本的和觸目驚心的矛盾在二流作家
那裡是罕見的，因為在他們那裡，這種矛盾會
被弱化，但在偉大作家的著作中，這種矛盾構
成了他們理論的核心，並成為真正理解他們的
問題與新的洞見的最重要的線索。」鄂蘭認
為，馬克思對傳統的思想與行為、沉思與勞
動、哲學與政治等級的顛倒和他關於無階級、
無國家、無勞動的烏托邦之間存在著巨大的矛
盾。他繼承了傳統以無階級、無勞動社會對於
理想生活的表達，但他的論述卻暗示了對不再
能夠透過傳統框架得到理解的當代狀況，勞動
地位的空前提升，傳統意義上的政治活動在許
多方面讓位給了行政管理，傳統的各種差別，
包括階級差別已被工業化的發展磨平，對於所
有工業化國家中的大眾，閒暇時間的持續增長
成為事實，生活簡化為勞動和勞動之餘的休閒

娛樂。而且，和尼朵（Nietzsche）、祁克果
（Kiekegaard）對傳統的反叛一樣，他仍然沒
有擺脫思有的二元對立，絕對地以傳統的概念
框架反傳統。

　　鄂蘭深刻地指出，尼朵、祁克果和馬克思
都站在傳統的終結處，這些大思想家力圖擺脫
兩千年來統治著西方思想的那種模式，但傳統
的真正斷裂並不是在思想中發生的，也不是思
想的結果。這種斷裂源於大眾對政治的放棄，
源於那種認為恐怖和意識形態的極權主義運
動可以完全統治大眾的觀點。在鄂蘭看來，二
十一世紀的極權主義徹底破壞了西方歷史的
延續性，其駭人聽聞的罪行既不能按照常識的
道德標準來評判，也不能在西方文明的法律體
系中得到懲罰。「揪住現代思想家不放，尤其
是揪住十九世紀的那些反傳統的思想家不
放，要他們為二十世紀的社會結構與社會狀況
負責，這是不適宜的，更是危險的。在極權主
義統治的事實中所蘊涵的內容遠遠超出這些
思想家的最激進或最具冒險性的思想。他們的

偉大之處在於察覺到這個世界滲透著無法為
我們的思想傳統所應付的新問題和新的困
惑。在此意義上,無論他們在理論中表現出來
的對傳統的疏離是多麼堅決(這就好比迷失於
黑暗中的兒童,愈來愈響亮地吹著口哨),無
論他們選擇背離傳統還是相反,都不是有意識
的。黑暗中,令他們驚恐的不是傳統的斷裂,
而是寂靜。當斷裂成為事實時,黑暗便被驅散
了,因此,我們幾乎不再能聽到他們著作中悲
愴的呼喊。」這也許也是鄂蘭對海德格政治錯
誤的理解,要他的思想為納粹主義負責,為大
屠殺負責,不僅是不公平的,而且是危險的。
戰後人們都眼巴巴地盼望著海德格能為他的
錯誤道歉,但他一直令人憤怒地保持沉默。為
什麼他要放棄被原諒的機會?他難道頑固地
堅持他的錯誤?這是一個謎,我們可以這樣猜
測,也許正因為道歉是容易的,他才不願輕易
地被原諒,他繼續把自己置於難堪的處境,在
不原諒中負起責任。

二、艾克曼在耶路撒冷

如果說《極權主義起源》是一個恐懼的紀錄，《人之條件》就是一個希望的紀錄，僥倖從猶太的魔爪中逃出來的鄂蘭，用人之條件證明了新的開始是可能的。「開始的能力是人的最高能力，在政治上，它等同與人的自由。」鄂蘭認為，每個人新的出生保證了行動的能力、開始或創新的能力，「使世界的進程和人事的過程不時中斷、使他們從沉淪中獲救的奇蹟……最終是一種出生性（natality）的事實，是人誕生的事實。……這個奇蹟就在於，人居然誕生了，並且可以重新開始。由於他們的誕生，他們就可以在行動中不斷發展。」海德格提出了此在向死亡開放的存在，鄂蘭給他的死亡哲學又補充了誕生哲學，表達了對於新生的自由、重新開始的能力的喜悅。死亡是排除一切可能性的可能性，出生則是貢獻一切可能性的可能性，正是基於出生的多元性，平等參與

式的民主才是必要的和可能的，它承認人與人
之間的差異，並使人們學會在差異中生活，在
不一致的地方不斷重新開始討論，相互交流，
在求個別差異的基礎上達成某一種一致。但面
對行動的不確定性和不可逆轉性，即自由的脆
弱性，要不斷重新開始還需要兩個條件：承諾
（promise）和原諒（forgive）。相互間的承諾
使一個群體聯繫在一起並一致行動，即使人類
行為有著模糊和不確定性，未來也會像現在一
樣值得信任。這種品質直接產生於以交談和行
動的方式與他人共處的願望。

　　拯救行為不可逆轉性的態度是原諒，因為
人們一旦開始行動，相互間的影響就使行動變
成了一個個無法負擔的過程。鄂蘭認為原諒之
所以是政治性的，因為它使傷害者和被傷害者
都能重新開始，而不是被一個永遠無法還原的
行為所限制。不過原諒需要與之相對的懲罰，
這是另一種結束傷害和重新開始的方式，原諒
和懲罰共同維護了自由所必須的秩序。實際上
，「人們不能原諒的也無法懲罰，不能懲罰的

也無法原諒。」以色列總理大衛·本—古里安
（David Ben-Gurion）說：「可以原諒，但絕不
能忘記。」但鄂蘭認為納粹對猶太人犯下的罪
惡已經超過了原諒的極限。如果不能原諒，人
們應當以什麼樣的承諾來重新開始？

1961 年鄂蘭應《紐約客》之邀前往耶路
撒冷，對納粹頭號戰犯阿道爾夫·艾希曼的審
判做報導。艾希曼並不是蓋世太保的一個高級
官員，但他卻是殺害猶太人的罪魁禍首，他組
織了猶太人大規模的流放和「疏散」，直接把
他們送往死亡集中營，他也是對猶太人最後解
決的執行者。以色列間諜 1960 年 5 月在阿根
廷綁架了他，並將其劫持到以色列。以色列堅
持對艾希曼進行公開審判，審判他的反猶太人
罪，反人道罪和戰爭罪。

鄂蘭沒趕上對納粹戰犯的紐倫堡審判
（Nuremberg trial），她感到參加艾希曼的審判
對她既是一個難得的機會，也可以讓她更充分
地考慮自己對於納粹主義的看法。決定前往耶
路撒冷，對艾希曼做報導使她陷入一生最大的

爭議當中，並且失去了許多朋友。這是她出發
之前不曾預料到的，即使預料的到，按她的性
格也不會退縮。

　　鄂蘭一共爲《紐約客》寫了五篇文章，後
來以《艾希曼在耶路撒冷》爲題結集出版。在
這五篇文章中，鄂蘭沒有按通常的作法：揭露
滔天罪行、猶太人的血淚控訴，審判的過程，
正義終於得到伸張等。她以一個科學家的洞察
力和分析技巧，將注意力集中在兩個看似偶然
的法律程序問題上，一個是以色列法庭以什麼
樣的罪名起訴艾克曼，一個是艾克曼爲什麼會
犯下如此可怕的罪惡？即艾克曼本身的行爲
是什麼？罪行的動機是什麼？正因爲對這兩
個似乎不成問題的問題提出了獨特的觀點，鄂
蘭在猶太世界引起軒然大波，甚至被指控爲反
猶分子，一個納粹的支持者和艾克曼的辯護
者。

　　首先，鄂蘭批評了以色列綁架和審判艾克
曼的動機。從以色列總理本—古里安審判前的
發言和以色列檢察官的發言中，很清楚他們的

目的是向全世界表明猶太人在歷史上所遭受的苦難，以色列要讓世人知道他們不會再讓這種事情發生。比如本一古里安宣稱這場審判教育了年輕的猶太人：「在我們歷史上最悲慘的事情，和世界歷史上最悲慘的事情。」以及「猶太人不再是大屠殺中沉默的羔羊，而是一個反抗的民族。」鄂蘭不滿意這種混合著自憐和侵略的語氣更不滿意以正義的名義來達到復仇、渲染民族主義等政治和地區的動機。她提出艾克曼不應當以反猶太罪受審，而應以反人類罪受審。在人們看來提出這種抽象的區分有譁眾取寵之嫌，很令人反感。但我們知道，猶太人一直面臨著自我認同和普遍認同的緊張關係，實際上，猶太人對自身特異性的強調也強化了與外部世界的疏離感，強化了賤民和新貴的地位。對不同的人的共同存在的尊重，使鄂蘭堅持認為猶太人應當作為人而加入人類的行列。她失望地看到在法庭上五十多個證人的證詞只是訴說自己所遭受的苦難，法庭變成了猶太人的控訴大會，以色列政府導演的群眾

集會，卻不是從正義的法律本身出發審判艾克
曼本身的所作所為。當然，鄂蘭指出這種區別
並不是要求一種抽象的普遍正義，或者免除法
律的情感和道德訴求，她只是認為猶太人應該
作為人類的一部分得到平等的尊重，相反的，
也不能用種族或地方的認同來超越普遍的法
律程序。在這件案子上，審判應該著眼於犯罪
的行為本身、著眼於行為的動機，而不是因為
受害者是猶太人。鄂蘭始終堅持，納粹的屠殺
並不僅僅針對一個特殊的民族，而是二十一世
紀一系列瘋狂殺戮的一部分，是對人類文明基
礎的根本挑戰。

　　在對艾克曼的審判中，人們不是把他看成
一個非人的惡魔，不然就是按照他的話被看成
一個官僚機器，因為他相信不服從上級是比殺
猶太人更大的罪惡。多數人都把他看成這兩種
類型，但如果是這樣，那麼對艾克曼的反思就
沒有什麼意義。如果他是個惡魔，那麼納粹主
義的罪惡等於是從天而降，我們既不理解它為
什麼會發生，也不知道它在何時何地還會發

生。實際上，參與審判的任何一個人都很難把他與惡魔的特徵聯繫起來，他看起來是那樣普通、微不足道，連話都講不清楚，他本人和他的罪惡之間的差距太大了。把他當成魔鬼是基於這樣一個誤推理：只因他是魔鬼，才會犯下如此可怕的罪行；因為他犯下了這樣的罪行，所以他是魔鬼。但這個結論卻是不成立的。另外，如果我們承認艾克曼是官僚制不可避免的產物，那審判就沒有意義，因為他不必為他做的事情負責，官僚的類型實際上免除了所有參與罪惡的人的責任，只要罪惡的組織是官僚體制，但是僅僅用下級對上級的盲目服從也解釋不通這種喪心病狂。並且，艾克曼也不是一個從小職員做起，辛辛苦苦往上爬的、多年訓練的產物，根本不能說他是一個官僚，他只是秘密警察處的一個下級人員，他加入秘密警察只是為了找個工作。

艾克曼把自己解釋成一個沒有任何邪惡動機，只是做他所應該做的事的人，鄂蘭問自己：他到底怎麼回事，難道他沒有一點分辨好

壞的能力？鄂蘭認為他既不是檢察官所說反
猶太的惡魔，也不是他自認為的小官僚，而是
一個沒有任何判斷能力的普通人。《艾克曼在
耶路撒冷》這本書就是對艾克曼這個人的描
述。新聞界和檢察官都把他描繪成一個病態的
猶太仇恨者、一個邪惡的虐待狂、一個下流的
惡魔。但親眼看到他，聽到他講話令鄂蘭大吃
一驚，他根本不是這一類人，他的罪行沒有任
何動機，實際上，他只是一個軟弱的小丑。「令
人痛苦的是許多罪行是根本沒有打算作惡的
人犯下的。」

　　像許多參加蓋世太保的德國普通人一
樣，艾克曼並沒有強烈和一貫的反猶情緒，對
他所熟悉的猶太人甚至頗有好感。他空虛、軟
弱，但目空一切，鄂蘭認為，最重要的不是官
僚體制妨礙了他運用康德所說的「反思判斷」
去分辨善惡，而是他首先缺乏最基本的判斷能
力。他幾乎沒有受過教育，也沒什麼智力，他
的證詞說明他對其政府的例行公事都不懂。他
的語氣充滿混亂，在到達越南任職時，問他的

名字，他說了一百八十個字才說清楚。而且他只會說納粹宣傳的陳詞濫調，要求他說具體一點，他回答說：「我只會說官方語言。」他幾乎不會說一句不打官腔的話，用官方的陳詞濫調埋葬了罪大惡極的感覺。納粹頭子給他提供了諸如「疏散」、「清洗」、「最後解決」這些術語，他完全接受了，即使殺戮在他心裡激起道德的不快，他也能學著忍受，作為忠於希特勒所必要的犧牲。他個人對於猶太人並無敵意，他也喜歡他所認識的那些猶太人。在他看來，他負責清除猶太人與他無關，只是他上司的事，他從未想過自己應該有思考和感覺。他很清楚自己把大批的猶太人推向了死亡，但他完全喪失了區分善惡的能力，把希特勒的命令當成無可質疑的法律，直到戰後多年，他仍然驕傲地認為自己是希特勒忠誠的僕人。在受絞刑之前，他仍高喊：「先生們，很快我們就會再見面，這是所有人的命運。德國萬歲，阿根廷萬歲，澳大利亞萬歲，我不會忘記他們。」

　　鄂蘭用了一個著名的短語來命名這種現

象，稱之為「平庸的罪惡」（the banality of the
evil），與之相對，極權主義刻畫了「極端的
罪惡」（radical evil），《艾克曼在耶路撒冷》
一書的副標題是「關於平庸罪惡的報導」，它
分析了一個普通人如何才會克服對罪行天然
的厭惡，失去起碼的道德敏感性，只服從於某
種意義形態的宣傳，以及一旦做到了這一點會
變成什麼樣子。很容易理解這一觀點為什麼冒
犯了許多猶太人：如果艾克曼的犯罪沒有理由
、沒有動機，只是出於平庸，他們所遭受的苦
難就沒有任何意義。如果艾克曼的罪行只是一
個普通人所犯下的，那麼無數被動服從的德國
人和猶太人也不是無辜的。鄂蘭對一個平庸的
普通人冷靜，甚至顯得冷血的分析，激怒了她
的猶太同胞，以致於這個以寫作《極權主義起
源》而聞名於世的猶太思想家竟被罵做反猶主
義者、納粹主義的辯護者。鄂蘭在這一點上受
到了嚴重的誤解，說艾克曼不是一個惡魔並不
等於說納粹的種族滅絕不殘酷，鄂蘭一生的作
品都旨在顯示納粹主義的慘絕人寰。但她更希

望面對歷史的真相，希望猶太人和世界的其他人都敢於直接面對真相，並試圖去理解，因為理解乃是防止歷史悲劇重演的第一步。艾克曼只是成千上萬的納粹分子和其幾百萬沉默的支持者的一個代表，是二十世紀沒有思想和判斷力的大眾的一個縮影。如果我們不能對這個黑暗時代做根本的反省，不能對自身的思想和道德水準做深刻的剖析，極權主義就不是個一去不復返的噩夢。

　　鄂蘭在報告中還指出：「使艾克曼受良心折磨的另一個因素是他沒有遇到任何一個人，真正反抗『最後解決』（the final solution）。」他不僅在德國人中沒有遇到抵抗，在猶太人、犧牲品本身當中也處處碰到的是順從和忍受。鄂蘭進一步敘述了在德國和被占領國家，當地的猶太領導人在納粹屠殺猶太人時所引起的作用。他們與納粹合作，幫助他們組織轉移；猶太官員也以多種方式與納粹同流合污，正是猶太人的合作才使納粹完成逮捕、貼標記、分類、安排去集中營的時間和剝

奪猶太人財產的任務。他們的出發點常常是好
的，如相信由猶太警察押送被轉移著上火車
「更為仁慈和有益處」，也會「使苦難容易忍
受」。但是鄂蘭嚴厲地譴責這種行為，她說：「對
一個猶太人來說，猶太領導人在毀滅自己的同
胞時所引起的作用無疑是整個黑暗故事中最
黑暗的一章。」

　　當然，她的證據並不十分充分和可靠，她
也不真正瞭解大屠殺的倖存者對於猶太領導
人的感情。而是許多讀者感到她並不真正理解
猶太人當時所處的形勢，在道德的兩難處境下
，他們得不到任何同情，完全要靠自己做出痛
苦的抉擇。在沒有外部支援的情況下，自發的
抵抗幾乎是不可能的。當然鄂蘭並沒有低估抵
抗的難度，但她更譴責在罪惡面前人類精神的
軟弱無力。批評她的人很少注意到在此書的第
一章，她引用了一個在法庭上經常被問到的問
題：「為什麼你不反抗？」、「對這個殘酷而愚
笨的問題經常得不到回答，但是如果人們想一
下荷蘭猶太人在 1941 年攻擊德國安全警衛部

後所遭遇的命運，就很容易找到答案。作爲報
復，四百個猶太人被捕，一點一點地被折磨致
死……幾個月來死了一千人，他們中的每一個
都要忌妒奧許維次（Auschwitz）的同伴。還
有許多比死亡更可怕的事……。」即使這樣，
她仍然讚揚不少抵抗的例子，包括波蘭華沙的
猶太人起義、丹麥在被占領期間，制止猶太人
被殺害的一致措施。在丹麥，當地的公開反抗
甚至使德國政府放棄了任務，在她看來，真正
的勇氣終於有了一個微弱的開端。否則，順從
和合作的歷史將會顯明地證實納粹主義在令
人尊敬的歐洲社會引起的道德崩潰，不僅在德
國，而且在世界各地，不僅在執行者中間，而
且在受害者中間。

　　1963 年 2 月和 3 月《紐約客》雜誌連續
發表了鄂蘭的文章，暴風雨一下子來臨了。好
幾個猶太組織發表聲明批評她，以色列律師和
警察公開譴責她。這是她早料到的，她沒想到
的是，她在紐約的朋友圈子當中許多人也背叛
了她。她與漢斯‧約拿斯多年的友誼也破裂

了，最終還是約拿斯的妻子幫助他們和好。《黨
人評論》發表批評的文章，但最令她難過的是
另一個消息：她的老朋友，猶太復國主義者布
魯菲爾特在病中聽其他人聽述她的報告，氣病
交加身亡。鄂蘭相信如果他親自做判斷，他就
不會這麼快去世。七月，鄂蘭應猶太同事之邀
，到哥倫比亞大學給猶太學生做報告，那天氣
氛十分緊張。大廳裡擠滿了人，外面的安全門
旁邊坐的人敲著窗子要進來，記者和以色列領
事也要求在場。鄂蘭表現的很出色，她談了一
個小時，又回答了一個小時的提問，人們衝上
去罵她跟納粹是一路貨色，她絲毫不為所動，
只是明白冷靜地說他們錯了，也又一半的學生
站在她那一邊。鄂蘭以平靜而有力的辯論平息
了大廳裡的怒火，最後由朋友們護送著出去。
真理有時候確實令人難堪，就像一把雙刃劍，
但它顯示出的勇氣足以令謊言卻步。

　　1964 年 1 月，在和年邁的老朋友，尊敬
的猶太學者各斯霍‧紹勒姆的書信往來中，鄂
蘭表達了自己的態度。紹勒姆在信中悲傷地說

鄂蘭對猶太人民沒有愛，認為她屬於德國左派
知識分子。鄂蘭否認她屬於左派，她說：「如
果要說我來自何處，那就是德國的哲學傳統。」
在這個出現過希特勒和大屠殺的民族裡，也產
生過歌德、康德和黑格爾這樣的思想大師，對
鄂蘭來說，這裡有她的哲學、她的詩和她的母
語，她必須更好地保護它們。實際上，她要說
明她參與政治不是作為一個左翼知識分子而
是作為一個猶太人，即使她把猶太領導人和納
粹的合作稱為整個故事「最黑暗的一章」時，
她也堅持她的猶太身分。對於紹勒姆的質詢，
她說對她而言，不僅僅是愛或信任猶太人的問
題，「事實上無可質疑地，我屬於他們。」她
就是她，一個德國猶太人，因為愛，所以恨；
因為愛，所以爭；最深的愛解釋了為什麼猶太
人的失敗比所有其他民族的失敗更令她痛心。

　　鄂蘭關於艾克曼事件的最後一次回答是
她在 BBC 廣播電台上的講話，這個講話的題
目為「獨裁統治下的個人責任」。她沒有糾纏
於納粹德國的特定事件，而是主要說明在《艾

克曼在耶路撒冷》書中就已經接觸到的一個問
題：有些人之所以能拒絕和納粹合作，是因爲
他們有一種思考和判斷的能力。他們不把道德
僅僅看成服從某個規則或法律，那樣的話，人
們也會在獨裁統治下服從邪惡的法律。「他們
的標準完全不同——他們問自己，在做某些事
之後，在何種程度上他們還能與自我保持和諧
一致；他們決定最好不做什麼事，不是因爲那
樣世界會變得更好，而是因爲只有這樣他們才
能與自己和諧一致。因此，當他們被迫參與的
時候他們也會選擇死亡。說得更明白些，他們
拒絕謀殺，不是因爲他們抱定了『不可殺人』
的命令，而是因爲他們不願意與一個兇手在一
起，即他們自己。」鄂蘭認爲，這種獨立思考、
自主判斷的能力才是值得信賴的道德基礎，而
無思想就會使一切邪惡成爲可能的。純粹的蠱
惑宣傳使無思想的人們喪失了最起碼的道德
感，認爲猶太人就是敵人，對敵人使用什麼手
段都不爲過，在把「不可殺人」看作基本道德
準則的文明社會，一個平時文質彬彬的德國小

夥子竟會轉眼間變成殺人不眨眼的兇手，普通
人要不了多長的時間就能完全克服對殺人的
恐懼。對極端情況下的個人責任進行道德和哲
學的思考，使鄂蘭在多年之後又會到她一直熱
愛的哲學，也許她從未離開過。

　　鄂蘭在生命的最後十年名聲傳遍美國的
理論界，獲得美國十幾所大學的博士稱號，並
且被吸收爲國家藝術委員會、美國科學與藝術
委員會的成員。連她自己都沒想到的是，1967
年她獲得德國語言文學學會頒發的佛洛伊德
（Sigmund Frued）獎，感謝她翻譯了佛洛伊
德作品，以及由此爲德國語言所做的巨大貢
獻。鄂蘭致信給德國學術委員會主席，表達了
她的激動心情：「三十四年前，我兩手空空地
離開了我的祖國，我能帶出的只是我的母語—
—德語。我將像愛護我的生命那樣，去愛護
她，得此殊榮令我惶恐，可是同時，我卻得到
了證明，即我的努力不是白費的。您也許無法
想像的出，我此時的心情是何等激動。」

三、精神的生活

　　「當然，我承認我最感興趣的是理解，絕對是這樣。我也承認其他人最感興趣的是做事情，我不是，什麼事都不做我仍然可以活得很好，但是如果不試圖理解所發生的事情，我就無法活著。」如果不試圖理解所發生的事情就無法活著，正是這麼一個看似平淡的要求，使三〇年代的鄂蘭離開書齋，投身於解放運動並反思極權主義的起源；同樣的理由使她在參加對艾克曼的審判後，重新致力於更爲一般的道德和哲學思索，思考並且回答對於人們意味著什麼的問題。在她生命的最後五年，她主要關心的不再是政治問題和「行動的生活」（vita activa），而轉向了對傳統的「精神的生活」（vita contemplativa）的關注，這是她在弗萊堡開始其哲學生涯時所思考的問題，但四十年後她對這些問題的回答已經不同於傳統的方式。她對她的老朋友漢斯‧約拿斯說：「從現

在起，剩下的時間我要搞超越政治的事情。」
她還意猶未盡地加上一句：「回到哲學去。」

　　她在《極權主義的起源》中談到過「賤民
和精英之間的聯盟」，這不得不使人想到一個
發人深省的問題：在艾克曼的罪行和海德格的
錯誤之間有什麼聯繫？一個是無思想的普通
人，一個是思想深邃的哲學家，雖然他們的錯
誤不可同日而語，但都跟思想有關，那麼什麼
是真正的思想，思想能否為人的行為提供道德
基礎？這就是她在《精神的生活》中要解答的
問題。

　　在她首部哲學著作《人之條件》中，她思
考的問題是「行動的生活對人意味著什
麼？」，在《精神的生活》中，她要回答的問
題是「精神的生活對人意味著什麼？」她贊同
古希臘人的看法，認為理論生活和實踐生活並
不是完全對立的，理論與實踐的關係不是抽象
學說和實際應用的關係，它們只是生活的不同
方式，因而《精神的生活》一書，就是她一生
致力於思考關於人之條件的基礎問題的頂

點，如同《人之條件》分爲三部分：勞動、工
作和行動一樣，《精神的生活》也分爲三部分：
思想、意願和判斷。不過，整本書只有「思想」
和「意願」兩部分完成了，在她開始著手寫作
第三部分「判斷」時，突發腦溢血去世。但她
關於康德的《判斷力批判》所做的演講已經整
理出版，書名爲《關於康德政治哲學的演講》，
其餘關於判斷的初步性想法也散見於《精神的
生活》的前兩章中，在鄂蘭看來，行動生活和
精神生活不僅是人類的兩種生活方式，而且兩
者有著更爲原初和密切的聯繫，因爲思想關乎
於實踐，甚至思想本身就是一種實踐。

《人之條件》思考的主題是「行動的生
活」，在其結尾，鄂蘭用古羅馬作家大加圖
（Cato）的名言暗示了在「行動的生活」之外
的另一種生活：「一個人在什麼都不做的時候
最爲活躍，一個人在獨處的時候最不孤獨。」
一個除了思考什麼都不做的人，爲什麼能最爲
活躍？一個專心於思考的人爲什麼最不孤
獨？思想到底是什麼？鄂蘭在第一部分「思

考」的扉頁，引用了海德格的話：「思想不像
科學那樣帶來知識，思想不產生有用的實踐智
慧，思想不解答宇宙之謎，思想不直接賦予我
們行動的力量。」鄂蘭把思想與知識和真理區
分開來，思想存在著，因爲人有一種超越知識
的限制去思考的傾向，有運用這種能力的需
要，而不是把它當成知識和行爲的工具。她受
到了康德關於「理性」（vernunft）和「理智」
（verstand）的區分的啓發，並以一種令人耳
目一新的方式重新解釋：「理性和理智兩種能
力的區分，相應於兩種不同的思想活動：思想
和行動，以及兩種不同的對象：意義和知識。」
人們在和周圍事物打交道時，先有對意義的追
求，然後才產生對知識的追求，而對意義的尋
求又包括了後者：

　　「所有作爲哲學話題的形而上學問題都
來自於普通的常識經驗；對意義的尋求，即理
性的需要，與人們想把他們親眼所見的故事講
述出來，或寫成詩歌的願望沒有什麼不同。…
…真理和意義不一樣。先於所有形而上學錯誤

的基本錯誤是根據真理模式理解意義。」鄂蘭
堅持思想帶來的不是知識，而是意義，「對不
可能有答案意義問題的追問，使人成為問題的
存在。在所有人們能找到答案的可知問題的背
後，還潛藏著一些不可回答的問題，它們看起
來沒有什麼用處，到處受到斥責。如果失去我
們稱為思想的對意義的渴望，很可能人們不僅
喪失了製造藝術品這類思想事物的能力，還喪
失了追問所有不可回答問題的能力，而人類的
每一種文明都奠基於其上。」思想所思想的東
西不是真理，它的目的不在於提供一勞永逸的
答案，因此思想要不斷地重新開始，但正是這
種不斷開始的活動拒絕一切教條和一切自以
為是的真理，提醒人們任何思想都有重新審查
的必要。在納粹時期，鄂蘭目睹了許多號稱「歐
洲精華」的知識分子無力反思時代的狀況，甚
至像海德格那樣自以為把握了存在的召喚，喪
失了起碼的道德敏感性。雖然關於思想的事情
他說了許多，認為「思想之沉淪為科學和信
仰，乃是存在的惡劣命運。」但是他也無法抗

根那樣直接置身於自己的生活，也不像其他人
一樣從外部去理解，而是她與她的主角一起思
考。因為人不是物，不具有某種固定的性質和
本質，他／她不像裁紙刀那樣，在被製造之
前，人們就有了關於它應被當派上什麼用場、
應當是什麼樣子的想法，如果人也可以被規定
一種本質的話，只能存在於做為創造者的上帝
心裡。總之，人就是自由，因而與人相關的思
考就不能是一種知識。柏拉圖認為哲學家應當
超越變化的世界，去注視永恆不變的理念，柏
拉圖欣賞的這種理論生活正是鄂蘭所反對
的，因為以旁觀者而不是參與者的態度，就不
可能對永遠都在變化、都在重新開始的人做出
思考，在她看來，自由需要思想，同時，思想
也需要自由。她力圖打破那種認為思想以知識
為目的和終結的傳統觀念，因為知識由一系列
對問題的答案組成，而人對他們自身就是個問
題。

　　按照鄂蘭的看法，我們不能「知道」自己
並不是悲觀的理由，相反，這一認識促使我們

考慮：我們能思想有何意義？鄂蘭關於思想的
主要表現在於她與康德的對話中，蘇格拉底也
是她的作品中實踐這種思想的典範，這位思想
家關於思想者的比喻，如助產士、電魚、牛蠅，
以及他對於思想的比喻，如刮走一切東西的
風，在他我和我自己之間的對話等等，都時時
迴響在她的作品中。

　　思想有什麼意義？鄂蘭認為，思想首先使
我們清醒，它使人擺脫了虛假的確定性而回到
世界，回到與他人真實的、開放的對話當中。
就像那些自稱知道什麼是勇敢、正義、友愛的
人，蘇格拉底用提問瓦解了他們虛假的自信，
使他們回到與他人的對話中，重新思考人生的
種種意義。在此，鄂蘭顛覆了幾個世紀以來哲
學上的假設：假設我們唯一能夠完全控制的就
是自己的思想，我思具有絕對自明的確定性。
在《人之條件》中，鄂蘭已經證明行動需要公
開性，需要與他人在世的共同存在。在《精神
的生活》中，鄂蘭表明在某種意義上，思想也
需要公開性，需要公共交流的自由，如果思想

不想成爲錯誤的偏見和無知的狂妄的話。

　　思想促使我們離開內在性封閉的花園而
向他人開放，在此意義上思想與鄂蘭所讚賞的
政治性相聯繫。但思想並不具有充分的政治
性，因爲它雖然把我們拋向公共領域，使我們
和他人在一起，但即使在人們中間，思想也需
要一種孤獨的狀態，當我們沉浸於思想的時候
，我們忘記了周圍的世界，遺忘於吵雜的人群
，全神灌注於自己內心的對話。與傳統看法不
同的是，鄂蘭認爲這種對話不是自我的獨白，
而是在內心進行的自我與他我的交流，他我實
際上代表了我所接受的他人看法。在離群索居
中保持內心的平靜和不受干擾，同時又充分考
慮到他人的看法，不會陷入個人意見的獨斷和
盲目，這就是「一個人在什麼都不做的時候最
爲活躍，一個人在獨處的時候最不孤獨。」我
們知道，蘇格拉底不僅常常在市場上與人辯論
，他也常常突然陷入「失神」狀態，沉浸在思
考中，呆呆地站很長時間，忘記了一切。正是
思想這種讓人從習慣的昏昏欲睡中清醒的力

量，蘇格拉底把它稱作刮走一切的風，稱作使
人麻醉的電魚。「停下來去思考」這句格言般
的話是鄂蘭經常愛說的。鄂蘭認為，思考的另
一個作用是，在我們停下來思考的時候，我們
也使不可見的東西變得可見了。記憶把過去拉
入現在，想像改變了無法改變的事情，在思想
當中，我們跳出了此時、此地、此事的限制。

　　對公共領域的重視和對之不遺餘力的呼
喚是鄂蘭一生都堅持的，也是她的思想與傳統
哲學區別最大的地方。在她論證了政治性對人
存在的意義之後，思想的價值也更多地從其與
政治的關聯方面考慮。那麼，思想除了督促我
們進入他人的視野，與他人交流和理解他人外
，它是不是具有根本的政治意義？鄂蘭回答「
是」，因為思想為政治的行動提供了道德基礎
。

　　首先，思想是常識性的基礎。鄂蘭認為，
每個人都需要思想，不是需要抽象地思考關於
上帝、不朽、自由一類的終極問題，而是活著
的同時思考。思想屬於所有人，在不同的人的

共同存在中,思想的活動使每個人都得以保持
樸素的常識觀念,而不違背常識至少能使人在
政治上保持起碼的批判意識。在鄂蘭看來,極
權主義就無法用常識的經驗來理解,納粹的「
最後解決」和斯大林的「大清洗」不合任何常
識的邏輯,用一般的軍事目的或經濟利益都無
法解釋得通。

　　除了確立人與人之間的共同性以發展出
常識觀以外,思想還把我們與現實,與行動的
領域聯繫起來。鄂蘭說:「思想的任務是理解
所發生的事情,按照黑格爾的話,這種理解是
人與現實相符合的方式,其真正的目的就是人
與世界的和諧一致。」從思想中產生的理解,
不是從現實中抽象出什麼規律或知識來,而是
與現實一起思考,它既表達了思想的能力和需
要,也建立了思想和現實的聯繫。對鄂蘭來說
,思想的活動不是鄙棄現實的雜亂無章而嚮往
理論生活的澄澈寧靜,也不是達到知識和真理
的途徑,而是因為有了它,人們才得以克服對
現實的恐懼和絕望,恢復對生活的愛。如果我

們要和他人在一起，和世界在一起，我們就需要這種能力。

　　鄂蘭反對傳統對於思想的看法：認為思想必須超越常識性和現實性，思想只是屬於少數人的特權。相反，只有在一個普遍無思想的時代，這個普普通通的願望也會成為做人的全部代價。她所敬佩的一個「自覺賤民」，卡夫卡（Kafka）就是這樣的例子。「他全部的天賦，他做為時代精神的表現，恰恰在於他想成為一個人，成為人類社會的普通一員。這個社會不人道不是他的錯，可是，陷入這張網裡，真正善意的人被迫作為例外或反常的人行事，成了聖徒或瘋子。」我們始終是能思想的存在，但這並不意味著我們去思想或恰當的思想，我們也會對自己撒謊。思想可以縮短自我和他我的距離，在我們心中喚起與我們一起思想的他人的聲音，即從意識中喚起良心，但我們也可能漠視良心的聲音。

　　思想喚醒我們與他人在一起，傾聽他人的願望和呼聲，思想給予我們常識感和現實感，

並從意義中喚起良知，鄂蘭說明了思想是政治
品德的基礎和放棄思想在政治上的危險性。因
此，無思想既使邪惡成爲可能，也是人之邪惡
的一部分。

　　在報導艾克曼的審判時，鄂蘭找到了這樣
一個概念：「平庸的邪惡」，無論作爲獄犯還是
納粹分子，艾克曼都是無可挑剔的，但在鄂蘭
面前，他就是無思想罪惡的化身。既《艾克曼
在耶路撒冷》之後，鄂蘭力圖回答的一個中心
問題就是：「思想的活動，這種不考慮特定的
意識形態或現實利益，只是檢查和反思所發生
的事情的習慣，是否有拒絕罪惡的力量？」對
這個問題鄂蘭主要提出了兩方面的陳述：「首
先，如果思想的無能和邪惡之間的聯繫確實存
在，那麼思想這種與對知識的追求不同的能力
必須屬於每一個人，而不應當是少數人的特權
；其次，如果康德說的對，思想能力有一種拒
絕把它的結果當成『固定箴言』的『自然傾
向』，那麼我們就不能期望從思想的活動中得
到任何道德規範和命令，也沒有終極的行爲準

則，更不用說關於什麼是好什麼是壞的一種最新的終極定義了。」鄂蘭接受康德的看法，她認為思想雖然彌合了自我與他我的裂隙，而且吸引其他人與我們一同思想，但思想卻是沒有答案的，因為永遠都存在另一個角度、另一個觀點、另一種提問的方式。

思想雖然不能給行為提供具體指導，但我們卻不能忽視它的積極意義，對每一個思想的個體來說，思想促使人懷疑不假思索接受的偏見或迷信，未經檢查的理論、價值或信念，因為偏見和迷信是行為的最大危險，思想消解這種虛假的確定性。思想使人向自我最內在的體驗開放，同時向他人的心靈開放，它使自我得以自由地與他人一起行動，並把自我和他人一起理解為主體。這種體驗正是艾克曼所缺乏的，他必須接受一些規則來指導自己的行為，雖然這些規則都超出了他的想像和感覺，否則他就並不知道做什麼。艾克曼只是間接地殺人，就像他間接地活著和死去。他只是扮演了一個角色，卻從來不是他自己，因為他從來沒有在

思想中實現自己，沒有實現共同的人性，因此
他也不能理解別人的人性。與艾克曼相反，蘇
格拉底寧願死也不願放棄他的不確定性，他時
時都在檢查和反思自己的思想，他需要和別人
交談，因爲他認爲自己不知道任何事情，而其
他人往往不知道自己的不知道。在他被判死刑
的時候，他也拒絕逃跑，因爲他還不能確定死
亡是可怕的還是值得嚮往的。把一個無思想的
殺人犯和一個思想的殉難者相比，思想所包括
的道德意義就十分清晰了。

　　在這個傳統的價值觀念幾乎已全面崩潰
的時代，在這個人的最高價值自行廢黜時代，
如果思想也不能給予人行爲的規則和律令，那
麼我們會不會淪於各種相對主義（relativism
），最終掉入可悲的虛無主義（nihilism）的深
淵？或者選擇完全的自我中心論
（eccentricity）？鄂蘭認爲，思想雖不能給予
我們以行動的具體指導，但它的解放力量卻喚
起了我們的另一種精神能力，這就是判斷，它
要求人們對每一個個別事件作出判斷，而不是

援引某種普遍的規則或習慣。它不是邏輯上的
演繹，因為它不會無條件地認同某種規則，而
不考慮具體的形勢、歷史或動機；它也不是邏
輯上的歸納，因為它不會把此時此地的看法當
成準確無誤的，再不斷地制訂規則以適應新情
況。在判斷中，規律或原則與具體事件或情況
的關係不是誰服從誰的關係，而是互相揭示、
互相照明的關係。所有的規律都要受到思想的
質疑，所有的事件都要在思想中理解，因此，
思想所引導的每一個判斷都不是完全的和最
終的。在鄂蘭看來，判斷是人類精神能力中最
具政治性的活動，因為它要求人作為思想者返
回到世界，返回到個別性和偶然性，作出自己
的判斷。一個能思想的人知道，在人類的行動
領域中自由是始終是第一位的，無論是原則的
專制還是個人任意的專制都不能接受。良好的
判斷力既要尊重原則又要尊重個別，既有相關
的原則或規律的知識，又能去看、去聽、去理
解特殊的人和事，要努力把兩者結合在一起，
使彼此都透過對方得到揭示和更好的理解。

　　我們怎樣學習這種從一般到特殊，並使兩
者都受到平等的重視的判斷力？鄂蘭接受康
德的觀點，認爲判斷作爲一種能力是不可教
的，只能透過實踐才能獲得。那麼怎樣判斷
呢？鄂蘭的回答是：「自由地判斷。」如果判
斷不是自由的，它就變成了形式邏輯中的演繹
或歸納，變成了僵死的教條。雖然我們不能被
強行灌輸如何去判斷，但這並不意味著我們永
遠學不會；如果我們學習去思考，在思想中學
習不囿於偏見、具有常識感和現實感，並能理
解與我們一起行動的他人，我們就能對在行動
的領域，即實踐的領域如何作出合乎道德的判
斷。因此，良好的判斷力意味著既不放棄自
由，又不會把自己交付給任意的武斷。在鄂蘭
看來，思想與實踐並不分離，思想本身就是一
種實踐，這與亞里斯多德所說的實踐智慧如出
一轍。亞里斯多德認爲，過一種優良的生活，
必須在特定的現實條件下運用我們所有的思
想能力，使思想與現實相符合，理解現實並作
出恰當的行動。最終，鄂蘭回答了思想能否爲

海德格，但這次會面並不愉快。 1975 年她又
去了一次，短短的一年裡，海德格蒼老了許
多，鄂蘭深感歲月不饒人，此前她親愛的丈夫
布呂歇爾已於 1970 年 10 月去世。鄂蘭萬分感
慨地對老友瑪麗‧麥卡錫嘆道，年紀大的問題
不是人變得越來越虛弱，而是周圍越來越荒
涼，熟悉的面孔一個個消失了，而不久，她也
與世長辭了。

　　即使在最後的歲月裡，追求真理、一生不
知疲倦、燃燒生命熱情的鄂蘭也沒有停止對社
會和政治的尖銳思考。1971 年一份五角大廈
的文件被披露，這是美國在越戰中制訂決策的
官方文件，有五十七卷，透露了政府在越戰期
間欺騙公眾和自我欺騙的行為，表明了政客和
專家聯手操作消息的黑幕。為此，鄂蘭在《紐
約書評》（ *New York Review of Books* ）上寫了
〈政治中的謊言〉一文，毫不留情地分析了這
一事件表現出來的極權主義的性質。儘管美國
是她所熱愛的國家，也一度寄託了她對自由之
邦的嚮往，但這次事件還是讓她痛苦地回憶起

納粹德國集體編造神話的「黑暗時代」。黑暗
時代，在她看來，就是公共人物用彌天大謊和
無恥濫言蒙蔽人民，企圖使人民陷入蒙昧與黑
暗，無從知道這個世界上真正所發生的事情，
基於此，鄂蘭認為，政治倘若喪失公開性，就
會變成極少數政客手中的玩物，而那時極權主
義就離我們不遠了。

　　鄂蘭的政治思想博大精深。從政治哲學史
到政治制度的各個方面她都有其獨到的見
解，而《人之條件》一書無疑是她政治思想的
哲學基礎。在該書中，鄂蘭將海德格對此在現
象學的分析用於政治哲學，並使其回到作爲起
源的古希臘城邦政治，她透過對勞動和行動、
私人領域和公共領域意義的區分，充分表達了
她對真正政治的看法。鄂蘭認爲，真正的政治
是在一個確定的公共領域內對話和行爲的共
享，是交互行動和相互理解的實踐行爲，這種
相互理解的交往實踐是產生政治權利的基
礎。真正的政治意味著自由、行動、卓越、持
久、公共幸福、公共精神等要素，它不是生存
的手段，而是生存的目的。因此，她反對把社
會分配正義或社會經濟發展問題看作政治的
主要內容，反對把政治行爲還原爲國家對經濟
和社會事務的管理。她正確地看到了民主時代
走向「過度私人化」而導致政治極度萎縮、道
德普遍喪失的負面影響，這種影響日益威脅著
我們的生活。

源。我們知道，東亞的經濟奇蹟靠的就是單純
追求的 GNP 的高速增長，實行高度集權的統
治，以自由的代價換來物質的豐裕。在人們讚
美「亞洲龍」的時候，很少想到這種功利的道
路並不是每個個體應有的生命理想，在這些國
家孕育並且滋長嚴重的腐敗和兩極分化，最終
導致經濟矛盾和社會矛盾激增，1997 年下半
年爆發的東南亞金融危機為此震撼了世界。而
這一嚴峻和可怕的現實恰恰證實了鄂蘭的觀
點：如果政治行動只是為了達到單一的經濟目
的，如果政治自由為經濟增長所犧牲，我們面
臨的生活就是既失去了自由，同時也未必能從
根本上消除貧窮。進而言之，私人領域和公共
領域的顛倒，不僅僅是現代政治危機的表現，
而且也是現代性的根本危機——近代主體主
義形而上學的表現。這一顛倒表明人們不是從
人和他人、人和世界共存的關係來理解人，不
是從以言說和行動來體驗存在方面理解人，而
是把人理解為原子主義的個人、自我中心的主
體，把世界理解為必須加以征服和消滅的客體

和對象，這實際上是勞動社會的人的自我理
解。

當代許多消極自由主義者以政治專家的
面目出現。但他們對政治的理解非常狹隘，把
政治僅僅理解為政治的功能，而政治的功能僅
僅是保證所謂「自由化」的經濟，政治只與職
業管理者和資本自由有關，而與民意無關。對
政治的這種狹隘理解一方面把人民從政治活
動中排除了出去，另一方面使掌握著資本和生
產力的少數人實際上成為政府活動的操縱
者。在這個意義上，現代政治國家不再是人民
透過平等參與形成的公共領域，不再是不同等
級、種族、性別和利益團體討論、競爭和表達
自己聲音的制度保障，這種管理越科學、越有
效率，它對「自由」的威脅就越大，直至法律
所保障的基本權利也名存實亡。

許多過分重視從否定意義上劃定政治界
限的自由主義者說他們最懼怕的是所謂「多數
人專制」，實際上，專制的多數並不真正存在
過，因為政治領域表達的是各種競爭性團體的

偏好，而不是一個穩定的多數的願望。他們說
人民是目光短淺、感情衝動和易犯錯誤的，但
事實上正是少數精英對政治生活和公共領域
的壟斷才造成了「消極冷漠的大眾」、「平等順
從的大眾」；正是現代社會集中權力和國家強
制行為操縱多數的結構性傾向，極權主義才能
成功地蠱惑大眾和組織暴民，只有透過各種渠
道、各種方式擴大社會成員對公共事物的參
與，只有保護國家政治的公共性，才能真正防
止各種形式的專制。

對於現代人過分沉湎於享受個人獨立和
追求自身的利益，過分輕易地放棄政治參與的
權利，也就是過分強調所謂的消極自由而非放
棄政治自由，鄂蘭的分析表明了政治和自由的
一致性。按照古希臘的傳統，人既非天生自由
亦非天生不自由，而是在共同體中並以之為條
件創造和確立著自由。這種行為自由的概念被
馬基維里（Machiavelli）稱為 "virtu"，即表
演藝術的精湛巧妙。精湛技藝的表現需要舞台
和觀眾，需要行為者持續的行為和顯示。沒有

把政治簡化為單純的行政管理，變成少數官員的事情，由此造成人民大眾普遍的政治冷感，退回到私人享受的小圈子裡。因為政治自由不僅能培養公民精神，促進自我實現和發展，而且放棄了政治自由，個人權利也不能得到有效的保障。她批評說：「這種政府就它以普遍福利和私人幸福為主要目標而言是民主的；但就它把公共幸福和公共自由又變成少數人的特權而言又是寡頭政治。」她指出，政治自由主義能夠保護利益，但不能培養公民；能保護個人自由，但不能替代在分享公共生活意義上的自由和滿足。而且，失去了公共領域之自由的人從「行動」退回到自我意識的內心，反而導致人內在的無力感和外在的貪欲心、侵略心。她說：「根本剝奪了人權，首先表現為被剝奪了在這個世界上的位置，一個能使言論產生意義、行動產生效果的位置。」她石破天驚地指出，「遠比自由與正義更重要的人權是公民權。」這不僅是對當代政治哲學的批評，而且也是對空洞抽象的啟蒙理念的批評，表現出令人

政治生活在現代的平等社會如何成為每個公
民的權利？馬克思認為正是工業化的進程在
歷史上把主體的本質成為普遍化和一般化的
勞動，他第一個把勞動從黑暗、空虛、遺忘中
拯救出來，把勞動看作最基本的實踐活動和自
由創造的表現，把實踐不是理解為個人的行
為，而是生命直接的物質生產和由它產生的交
往行為。他最早賦予了無產階級以政治意義，
讓勞動者成為整個社會的代表，從而摧毀了古
典政治概念的自相矛盾：政治帶給人的公共幸
福和自由依賴物質基礎，而提供這種基礎的大
多數人都無法享有這一文明的財富。但馬克思
認為人的解放與人的自我實現一樣處在人跟
自然的生產性相關聯、相統一的過程中，希望
透過物質極大豐富和社會分配正義來使勞動
者占有公共領域的途徑卻證明不是一個成功
的方案。鄂蘭對勞動和行動在存在意義上的區
分至少說明打破物質匱乏的專制、對必然性的
戰勝並不直接導向自由，對現代福利國家和消
費社會的反思也說明了這一點。一種政治生活

只配受奴役。」美國革命雖然以其特殊性而成
功地維護了自由原則，但在戰後由於缺少自覺
的理論總結，美國的革命精神很快就被歷史忘
卻了，殖民時期鄉鎮自治的經驗也沒有從憲法
和體制上得到保存。很快地，人們對普遍富裕
的熱情就代替了公共自由的旨趣。鄂蘭認為，
從自發的革命精神來看，法國大革命時期的平
民會議、巴黎公社，1905 年和 1917 年 2 月的
蘇維埃、1956 年的匈牙利群眾抗議活動、1968
年的學生運動都透露著自由精神的光亡。她試
圖在委員會或參議會制度概念的基礎上設計
一種新的參政形式，稱之為「委員會制」(the
council system)。委員會是人民自發組織的參
政議政結構，各種委員會將成為政治自由的顯
現空間和培養公民精神的學校。參加委員會完
全自願，因此只限於關心公共事務的公民，他
們不屬於任何黨派，從而能根據自己的見解行
事，每個委員會的成員選舉代表組成最高的下
一層委員會，國家一方面是一個聯盟，同時又
是這類委員會的金字塔結構。由眾多委員會產

們兩人都認為實踐不能還原為技術，實踐理性不能還原為有目的的或工具式的理性，交往行為的公共領域既不能等同於生產領域，也不是後者的直接結果。哈伯瑪斯認為現代社會的人僅僅被還原為四種角色：生產者、消費者、消極服從的臣民和受法律保護的公民。不過鄂蘭的公共領域直接承繼古希臘和古羅馬的政治生活，哈伯瑪斯的概念卻是從十七世紀的沙龍、俱樂部、新聞界的自由交流中引申出來的，並以報紙期刊、廣播電視作為公共領域的主要媒介。他們兩人的思想都可以捉溯到康德的《判斷力批判》，「判斷」的功能在鄂蘭的整個思想體系中有至關重要的作用，判斷能力是精神生命的其它兩種能力——思考能力和意願能力的綜合，同時，判斷也是溝通精神生活和實踐生活的橋樑。判斷是思考，因為我們在做判斷的時候需要思想；判斷也是意願，因為判斷要求判斷者放棄所有直接的利害考慮，從旁觀者的角度、儘可能客觀地表達自己的傾向，鄂蘭以康德對法國大革命的態度說明了這

一點。同時，判斷是針對行動者的，判斷的內
容是政治行動，因而判斷就成了唯一聯結
"vita contemplativa" 和 "vita activa" 的精
神能力。在對康德《判斷力批判》的繼承中，
哈伯瑪斯把理性規範作用解釋成理性立法作
用，希望透過交往理性達到普遍共識，但鄂蘭
反對把理性規範作用解釋成理性立法作用，認
為規範判斷是合目的而無規律的活動，判斷的
目的不是尋找知識而是尋求意義。判斷是多種
多樣的，由判斷構成的意義也是多種多樣的，
但多樣的意義仍可以為人們所共享，因此判斷
作為沉思生活的一種能力就相當於積極生活
中的政治行動。判斷的作用在於引導激發更多
的意見，表達每個人的個性和差異，這也正是
政治行動的特點。鄂蘭激進地認為任何普遍意
識都可能約束自由交往，變成政府壓迫個人自
由的工具，任何對多樣性的壓迫都隱藏著集權
主義的幽靈。在單一性與多元性中，鄂蘭任何
時候都毫不妥協地選擇多元性。我們可以說她
始終只是個哲學家，但她至少堅持去理解這個

參考書目

中文部分

柏拉圖著，郭斌、張竹明譯（1996），《理想國》。
　　商務印書館。

亞里斯多德著，吳壽彭譯（1996），《政治學》。
　　商務印書館。

孫周興選編（1996），《海德格選集》（上）、
　　（下）。上海：三聯書店。

孫愛玲著（1999），《充滿激情的思索：漢娜‧
　　阿倫特》。貴州：人民出版社。

英文部分

Arendt, Hannah（1958）. *The Human Condition.*
　　The University of Chicago Press.

Arendt, Hannah（1973）.*On Revolution.* Znd ed,

Harmondsworth: Peguin Books.

Arendt, Hannah（1969）.*On Violence*. Harcourt Brace & World, Inc, New York.

Arendt, Hannah(1958).*The Orgins of Totalitarianism*. Zed ed, Cleveland: Meridian/The World Publishing Company.

Arendt, Hannah（1978）.*The Life of the Mind*. New York: Harcourt Brace Company.

Arendt, Hannah（1963）.*Between Past and Future*. Cleveland: Meridian/The World Publishing Company.

Arendt, Hannah（1972）.*Thoughts On Politics and Revolution*, see her Crises of The Republic. New York: Harcourt Brace Company.

Arendt, Hannah（1989）.*Thinking Judging and Freedom*. Edited by Gisela T. Kaplan and Clive Kessler, Allen & Unwin Australia Pey Ltd.

May, D., *Hannah Arendt*. Harmondsworth: Penguin.

附錄

漢娜・鄂蘭年表

1906 年　　　鄂蘭生於德國漢諾威。

1910 年　　　鄂蘭父母帶她回到家鄉哥尼斯
　　　　　　堡。

1913 年　　　鄂蘭的父親保羅死於梅毒。

1920 年　　　鄂蘭的母親馬塔再婚，鄂蘭跟母
　　　　　　親來到繼父家生活。

1924 年　　　到馬堡大學學習哲學。

1925 年　　　鄂蘭和馬丁・海德格戀愛。

1926 年　　　去海德堡大學，成為哲學家雅斯
　　　　　　培的學生和朋友。

1929年　　　和君特・施泰因結婚，出版了她
　　　　　　博士論文〈論聖・奧古斯丁的愛

情觀〉。

1930-33 年	捲入猶太人反納粹的鬥爭。
1932 年	開始寫《拉爾·瓦哈根——一個猶太女性的生活》。
1933 年	納粹上台之後流亡法國。
1933-39 年	爲巴黎的猶太流亡者組織工作。
1936 年	與施泰因分開，鄂蘭遇到了海因里希·布呂歇爾，開始和他一起生活。
1939 年	與施泰因離婚，完成了《拉爾·瓦哈根》（1958年正式出版）。馬塔離開德國來到巴黎。
1940 年	與布呂歇爾結婚。
1941 年	鄂蘭、布呂歇爾和馬塔逃到紐約。
1941-45 年	爲紐約的一家德文報紙《建設報》寫稿。
1944 年	爲《黨人評論》寫文章，在紐約作家圈中開始有了名氣。
1948 年	馬塔去世。

1951 年　　因《極權主義的起源》發表而聞
名。

1958 年　　她的主要著作《人之條件》出版。

1961 年　　做爲《紐約客》記者赴耶路撒冷
參加對艾克曼的審判。

1963 年　　《艾克曼在耶路撒冷》在《紐約
客》上發表並出書，遭到猶太人
的激烈批評，也使鄂蘭失去了很
多朋友。《論革命》出版。

1968 年　　支持美國和法國的學生運動。

1969 年　　海因里希·布呂歇爾去世。

1970 年　　《論暴力》出版。

1975 年　　鄂蘭去世。

1978年　　《精神的生命》在去世後出版。

漢娜·鄂蘭著作

1.*The Origins of Totalitarianism*, Meridian
Books, New York, 1958; Allen and Unwin,
London, 1958.

2.*The Human Condition*, Chicago University

Press, Chicargo and London, 1958.

3.*Rahel Varnhagen*, East and West Library, London, 1958; Harcourt, Brace Jovannovich, New York, 1974.

4.*Between Past and Future*, Viking Press, New York, 1961; Faber and Faber, London, 1961.

5.*Eichmann in Jerusalem*, Viking Press, New York, 1963; Faber and Faber, London, 1963.

6.*Men in Dark Times*, Harcourt, Brace, New York, 1968; Cape, London,1970.

7.*On Violence*, Harcourt, Brace New York,1970; Allen Lane, London, 1970.

8.*Crises of the Republic*, Harcount Brace Jovanovich, New York, 1972; Penguin Books, London, 1973.

9.*The Life of the Mind*, Two volumes, Harcount Brace Jovanovich, New York, 1978; Secker and Warburg, London, 1978.

§ 生智文化事業有限公司 §

D0001B	生命的學問 (二版)	傅偉勳/著	NT:150B/平
D0002	人生的哲理	馮友蘭/著	NT:200B/平
D0003	耕讀集	李福登/著	NT:200B/平
D0101	藝術社會學描述	滕守堯/著	NT:120B/平
D0102	過程與今日藝術	滕守堯/著	NT:120B/平
D0103	繪畫物語—當代畫體另類物象	羲千鬱/著	NT:300B/精
D0104	文化突圍—世紀末之爭的余秋雨	徐林正/著	NT:180B/平
D0201	臺灣文學與「臺灣文學」	周慶華/著	NT:250A/平
D0202	語言文化學	周慶華/著	NT:200B/平
D0203	兒童文學新論	周慶華/著	NT:250A/平
D0301	後現代學科與理論	鄭祥福、孟樊/著	NT:200B/平
D0401	各國課程比較研究	李奉儒/校閱	NT:300A/平
D0501	破繭而出—邁向未來電子新視界	張　錡/著	NT:200B/平
D9002	上海寶貝	衛　慧/著	NT:250B/平
D9003	像衛慧那樣瘋狂	衛　慧/著	NT:250B/平
D9004	糖	棉　棉/著	NT:250B/平
D9005	小妖的網	周潔茹/著	NT:250B/平
D9006	密使	于庸愚/著	NT:250B/平
D9007	金枝玉葉	齊　萱/著	NT:250B/平
D9008	烏鴉—我的另類留學生活	九　丹/著	NT:280B/平
D9401	風流才子紀曉嵐—妻妾奇緣 (上)	易照峰/著	NT:350B/平
D9402	風流才子紀曉嵐—四庫英華 (下)	易照峰/著	NT:350B/平
D9403	蘇東坡之把酒謝天①	易照峰/著	NT:250B/精
D9404	蘇東坡之飲酒垂釣②	易照峰/著	NT:250B/精
D9405	蘇東坡之湖州夢碎③	易照峰/著	NT:250B/精
D9406	蘇東坡之大江東去④	易照峰/著	NT:250B/精
D9407	蘇東坡之海角天涯⑤	易照峰/著	NT:250B/精
D9408	蘇東坡之文星隕落⑥	易照峰/著	NT:250B/精
D9409	胡雪巖 (上)	徐星平/著	NT:250B/精
D9410	胡雪巖 (下)	徐星平/著	NT:250B/精
D9501	紀曉嵐智謀 (上)	聞　迅/編著	NT:300B/平
D9502	紀曉嵐智謀 (下)	聞　迅/編著	NT:300B/平

D1001	金融體制和政策	黃淑基/主編	NT:100B/平
D1002	亞太金融中心競爭力	黃淑基/主編	NT:100B/平
D1003	銀行和基層金融	黃淑基/主編	NT:100B/平
D1004	外匯和貨幣市場	黃淑基/主編	NT:100B/平
D1005	保險和期貨市場	黃淑基/主編	NT:100B/平
D1006	股票和債券市場	黃淑基/主編	NT:100B/平
D1007	衍生性商品和金融人才	黃淑基/主編	NT:100B/平

當代大師系列   全套21本‧共3650元

D2001	德希達	楊大春/著	NT:150B/平
D2002	李歐塔	鄭祥福/著	NT:150B/平
D2003	羅逖	張國清/著	NT:150B/平
D2004	傅柯	楊大春/著	NT:150B/平
D2005	詹明信	朱　剛/著	NT:150B/平
D2006	海德格	滕守堯/著	NT:150B/平
D2007	維根斯坦	趙敦華/著	NT:150B/平
D2008	希克	林　曦/著	NT:150B/平
D2009	拉岡	王國芳、郭本禹/著	NT:200B/平
D2010	薩伊德	朱　剛/著	NT:200B/平
D2011	哈伯瑪斯	曾慶豹/著	NT:200B/平
D2012	班傑明	陳學明/著	NT:150B/平
D2013	紀登士	胡正光/著	NT:200B/平
D2014	史碧娃克	曹　莉/著	NT:150B/平
D2015	羅爾斯	應　奇/著	NT:200B/平
D2016	貝爾	王小章/著	NT:200B/平
D2017	布魯克	王婉容/著	NT:200B/平
D2018	田立克	王　珉/著	NT:200B/平
D2019	霍爾	胡芝瑩/著	NT:200B/平
D2020	史特勞斯	胡全威/著	NT:200B/平
D2021	費爾阿本德	胡自強/著	
D2022	伊戈頓	馬馳、張岩冰/著	NT:150B/平

MBA系列

D5001	混沌管理	袁 闖/著	NT:260B/平
D5002	PC英雄傳	高于峰/著	NT:320B/平
D5003	駛向未來—台汽的危機與變革	徐聯恩/等著	NT:280B/平
D5004	中國管理思想	袁 闖/主編	NT:500B/平
D5005	中國管理技巧	芮明杰、陳榮輝/主編	NT:450B/平
D5006	複雜性優勢	楊哲萍/譯	
D5007	裁員風暴—企業與員工的保命聖經	丁志達/著	NT:280B/平
D5008	投資中國—台灣商人大陸夢	劉文成/著	NT:200B/平
D5009	兩岸經貿大未來—邁向區域整合之路	劉文成/著	NT:300B/平

WISE系列

D5201	英倫書房	蔡明燁/著	NT:220B/平
D5202	村上春樹的黃色辭典	蕭秋梅/譯	NT:200B/平
D5203	水的記憶之旅	章蓓蕾/譯	NT:300B/平
D5204	反思旅行	蔡文杰/著	NT:180B/平

ENJOY系列

D6001	葡萄酒購買指南	周凡生/著	NT:300B/平
D6002	再窮也要去旅行	黃惠鈴、陳介祜/著	NT:160B/平
D6003	蔓延在小酒館裡的聲音—Live in Pub	李 茶/著	NT:160B/平
D6004	喝一杯，幸福無限	曾麗錦/譯	NT:180B/平
D6005	巴黎瘋瘋瘋	張寧靜/著	NT:280B/平

鄂蘭　　　　　　　　　　　　當代大師系列 23

著　　　者／王音力
編輯委員／李英明・孟樊・陳學明・龍協濤・
　　　　　楊大春・曹順慶
出　　　版／生智文化事業有限公司
發 行 人／林新倫
登 記 證／局版北市業字第 677 號
地　　　址／台北市新生南路三段 88 號 5 樓之 6
電　　　話／(02)2366-0309　　2366-0313
傳　　　真／(02)2366-0310
E-mail／tn605541@ms6.tisnet.net.tw
網址／http：//www.ycrc.com.tw
郵撥帳號／14534976 揚智文化事業股份有限公司
印　　　刷／科樂印刷事業股份有限公司
法律顧問／北辰著作權事務所　蕭雄淋律師
初版一刷／2002 年 2 月
定　　　價／新台幣：150 元
ISBN／957-818-365-8（平裝）

總 經 銷／揚智文化事業股份有限公司
地　　　址／台北市新生南路三段 88 號 5 樓之 6
電　　　話／(02)2366-0309　　2366-0313
傳　　　真／(02)2366-0310

國家圖書館出版品預行編目資料

鄂蘭 ＝ Hannah Arendt ／ 王音力著. -- 初版.
-- 臺北市：生智, 2002[民 91]
面；公分. -- （當代大師系列；23）
參考書目：面
ISBN 957-818-365-8（平裝）

1. 鄂蘭（Arendt, Hannah, 1906-1975） -
學術思想

148.59   90021880